网络大数据分析
对高校教育教学的影响

赵雪章　著

Wuhan University Press
武汉大学出版社

前　言

当前，网络大数据对各行各业产生了巨大影响，本书以网络大数据为研究背景，就网络大数据对高校教育教学的影响及对策建议进行研究。主要从以下七章进行阐述。

第一章为绪论部分，主要对本书的研究背景与意义、国内外发展状况、研究方法、研究思路与内容进行阐述。

第二章概述大数据相关理论，包括大数据相关概念概述、大数据的基本特征与作用、大数据的时代意义与前景。

第三章从当代大学生学习现状、大数据时代对大学生学习的积极影响、大数据时代带给大学生学习的挑战、如何应对大数据时代给大学生学习带来的挑战四个方面来阐述大数据时代给大学生学习带来的影响。

第四章阐述网络大数据对教学模式的影响，该章分为三节，第一节是网络大数据对教学模式的影响，第二节是网络大数据背景下高校教学模式优化策略，第三节是网格大数据背景下的高校教学模式与应用案例分析。

第五章在大量资料收集研究的基础上，展开网络大数据对教材与课程开发影响的阐述。具体内容分为三部分：一是大数据时代的教材改革，二是大数据时代的课程改革，三是网络大数据影响教材与课程开发的实际案例分析。

第六章针对网络大数据对就业的影响展开，分别为：网络大数据时代下高校学生就业路径分析,大数据背景下大学生就业服务信息化建设分析,最后结合大数据时代下高校学生就业实际案例展开分析。

第七章主要讲述网络大数据对创新创业的影响,分为网络大数据对高校学生创新创业的影响,以及相应的对策建议,网络大数据在高校创新创业中的实际案例分析三部分。

笔者任职于佛山职业技术学院,本书在总结多年教学经验与理论研究基础上撰写完成。在本书撰写过程中,笔者收集并阅读了国内外大量优秀学者的著作和论文,并参考了其中部分内容,在此向他们表达最诚挚的谢意。

由于笔者水平有限,书中难免存在不足之处,敬请读者批评指正。

赵雪章

目　录
Contents

第一章　绪　论

自人类文明诞生以来，数据便相生相伴，经历小数据的初数时代、抽样时代、信息时代，进入今天以互联网、云计算（Cloud Computing）和物联网等为支撑的大数据时代。1965 年提出的摩尔定律，体积小、成本低的晶体管的出现，是大数据产生的物理基石；1989 年兴起的数据挖掘（Data mining）技术，使大数据成为"黄金"和"石油"的技术支撑；2004 年后相继兴起的脸书、微信等社交媒体，则使潜在数据生产者的范围扩大到"全球社员"。在以大数据为特征的信息社会，信息技术变革无处不在，但是以往信息技术（Information Technology，缩写 IT）变革的重点在技术上，而不是信息上，现在关注的焦点应转向信息本身。"一切皆可量化""让数据发声""数据也是生产力""数据是国家竞争力"，甚至有人提出"并非原子而是信息才是一切的本源"。总之，大数据正以不可阻挡之势，渗透到社会生活的方方面面。任何技术的发展都离不开教育的支撑，同样，技术的发展反过来又促进教育的变革，大数据技术也不例外。高校作为社会文明的促进者和支持者，拥有社会核心机构的重要地位。高校在生产知识、培育人才、发展技术和服务社会的过程中，以一种隐性的巨大能量推动时代的进步和社会的发展。大数据背景下，大学生的学习、大学的教学模式、大学的教材与课程开发、大学生就业与创新创业无一不面临着"强震"，虽然这种变革会有"阵痛"，但是无法拒绝。一场无声的革命，刚刚拉开序幕……

一、研究背景与意义

（一）研究背景

教育一直是国家培育下一代青年人才的重要措施，而高校教育教学是教育行业培养人才最后的、也是最关键的一个阶段。近年来，各大高校形成共识，推进教育教学改革，将强化高校人才培养的核心地位和全面提升学校人才培养能力作为学校的首要任务，这也是高校发展的永恒主题和立德树人的核心使命。当前，高校由普通高等学校、职业高等学校、成人高等学校组成，其整体教育教学处于一个发展不平衡的状态，即部分高校的教育教学模式一直走在前沿，而另一部分高校的教育教学模式还比较落后，缺乏优质的教学资源。还有一些高校处于中间水平，它们不缺资源，但是其教育教学方面存在一些问题，如没有很好地顺应现代技术发展、没有推出适合学生学习的教学模式、没有对教材和课程进行有效开发、没有很好地分析教育教学对学生就业和创新创业的影响。高校教育教学是培养优质青年的重要一环，所以，无论学校的教育教学处于一个怎样的发展阶段，高校都要做到以人才培养为中心，以培养提升学生能力为目的，全面推进教学工作，努力建设高水平大学。

网络大数据是对数据感知、采集、加工的过程，换言之，网络大数据是对用户在网络的痕迹进行记录。当前，网络大数据对高校的教育教学产生了重要影响。主要表现在三个方面：首先，网络大数据影响了学生的思维模式，使得学生在学习新知识时，可以快速熟知事物，并且达到自我学习的层次；其次，网络大数据整合了教学工作者和学生资源，加强了师生间的合作；最后，它推动了多元化教育教学和个性化蜕变，提高了学习模式的可能性和个人学习的独特性。

（二）研究意义

1.理论意义

高校教育教学是培养人才的重要途径，但其中也存在着一些亟待解决的问题。本书围绕网络大数据对高校教育教学的影响展开，首先分析了大数据对学生的挑战，其次分析了大数据对教学模式、教材和课程开发、就业和创新创业的影响。通过研究分析，一方面，可以帮助高校积极应对挑战，合理调整教学模式，适当进行教材和课程开发，响应就业和创新创业的政策。另一方面，高校若紧跟时代的发展，取其精华，去其糟粕，则可以取得更多的成果，也可使师生之间的合作逐渐消除隔阂，学生的综合能力逐渐得到提升，从而建立一个教育行业、学校、师生之间相互合作的共同体，达到一个共同快速发展的状态。

2. 实践意义

运用网络大数据技术的多源性、多样性、海量性、开放性、即时性、交互性及个性化等优势，建设高校网络大数据平台，这对改善高校教育教学模式、创新高校教育管理方式方法、提高教育资源利用率、促进高校教育管理内涵发展有着重要的实践意义。

一是有利于改善教学模式。利用网络大数据技术，可以优化高校教育的教学资源，提高资源利用率，高效实现教学目标。传统的高校教育教学是基于经验性的教学模式来开展的，缺乏全面性和高度贴合性，容易造成个别学生成绩优异，而其他学生成为中间生、差生。一些高校的教学模式一直没有改善，使得学生的进步不大，教师的能力没有增强。利用网络大数据技术，高校可以获得多元化的教学模式和理论支撑，从而使教学模式不断完善，达到师生共同提高的目标。

二是推动高校教材和课程的开发。在网络大数据背景下，高校的传统教材和课程是否能跟上现代发展的步伐，已经成为教育行业高度关注的话题。高校通过对网络大数据资源的收集、整理、剖析，逐渐找到一种适用于当下学生的教材和课程，这个探索过程也是一个寻找教材课程开发线索或是指引教学的过程。一套新开发的教材和课程，往往是最吸引人学习的聚光点，也是一个教育改革的起始点。

三是开辟新的就业方向。网络大数据的出现，除了能为使用者提供便利之外，也开辟了三大就业方向，一是大数据系统研发类人才，二是大数据应用开发类人才，三是大数据分析类人才。这三个方向为学生们在就业紧张的情况下，逐渐延伸出多个岗位，同时学生们也可以沿着这三个方向进行创新性创业。在此基础上，网络大数据带动了新兴产业的发展，并且还会与未来大量的行业建立密切的联系。

二、国内外发展状况

（一）关于网络大数据的发展状况

由于网络大数据所具有的海量性、价值性、多样性等优势，各个国家对网络大数据都非常重视，网络大数据无时无刻不在向各个领域渗透。具体表现如下：

一是美国建立了数据生态，实施"三步走"战略。美国是第一个将大数据理论性的概念提升至国家战略高度的国家。因为这一措施，使得美国在大数据开发、生物制药、国土安全等领域获得了抢跑优势。

"三步走"战略具体是指：第一步，迅速投入有关大数据核心技术的研究，且在小部分领域进行应用。如 2012 年由白宫发布的《大数据研究发展倡议》中提到，为加快工程领域的创新，要培养人才从大数据中获得知识、挖掘价值的能力。第二步，积极解决大数据带来的弊端，调整政策法规，白皮书《大数据：把握机遇，守护价值》表明大数据给经济社会带来了机遇，但同时也引发了例如隐私泄露等问题，要以高度警惕、充分应用的态度来分析当前大数据所带来的挑战。第三步，为维持国家持续竞争力，必须强化对数据体系的建设。在《联邦大数据研发战略计划》中提到设计一个顶层的数据系统，即七个方向的共同设计，如基础设施、数据开放与共享、隐私安全与伦理等。2017 年，美国更是推出了本国首个可以公开使用的数据库。

二是英国以大数据为抓手缓解脱欧后的经济问题。英国紧随美国其后，积极踏上大数据这趟列车，相继推出了《数字战略 2017》《工业战略：建设适应未来的英国》《工业战略：人工智能》等战略计划，以期通过应用大数据，使国家经济总量在 2025 年得到大幅度提升。

三是欧盟提出数据推动经济。欧盟曾发布《里斯本战略》《欧洲 2020 战略》，用以督促欧盟及其成员国构建"兴盛的数据推动经济"。

四是中国将大数据应用在各个领域，数据化产业快速发展。2021 年发布的《2021 中国大数据产业发展白皮书》中，展现"十三五"时期大数据应用在我国的发展成就，并分析了当前存在的主要问题，同时，憧憬其光明的未来。我国现有的大数据产业处于方兴未艾阶段，数据资产化步调稳步进行，数据安全性的需求在不断提高。

（二）关于高校教育教学的发展状况

随着教育体制改革不断深化，我国的教育改革已经进入了新阶段。一方面，教育改革取得了明显的成效，人们得到了更好、更公平的教育，教育工具慕课、微课、翻转课堂等不仅改变了学生的学习方式，还加深了学生对教育工具化、知识商品化等新观念的认知；另一方面，教育改革过程中出现了学生学习质量不佳、效率不高和积极性差等一系列的问题，束缚了人才的全面发展，这些问题是当下亟待解决的问题。

国外高校的教育教学更加重视师生间的讨论和交流、合作学习、探究和创新精神培养等，如在美国等西方国家，教师很少使用统一的教材，经常以自己的研究成果或是心得为学习材料，鼓励学生一起探讨；另外，教师还要求学生个人或是自由合作整理讲义等。

国外的教育教学方式值得我国学习和借鉴，因为其可以充分发挥教师的主导作用，强调学生学习的主体性，激发学生的学习积极性。因此，我国应在现有基础上学习国外教育中优秀的教育教学方法，提高教学质量。

（三）关于网络大数据分析下的高校教育教学的发展状况

现如今，大数据的运用受到了各国的广泛关注，在互联网环境下，教育领域如何适应社会的发展，运用大数据技术去改变传统教育、打破诸多限制、推动教育变革是各国密切关注的发展点和日益关注的重点。各国对于教育领域变革的关注不断增强，教育发展成为推动各国综合实力发展的重要因素。

越来越多的国家意识到将大数据技术运用于教育教学成为教育发展的新契机，因此，随着互联网技术、移动通信技术的发展，在教育领域展开了关于推动大数据技术与教育教学相结合的研究。美国政府于 2012 年 3 月宣布启动《大数据研究与发展计划》，并拨款 2 亿美元作为研究经费，重点发展本国大数据技术。美国时任总统指出希望通过提高大数据技术，从中提取关键数据进行分析，得出关键知识点与观点，帮助加快科技的进步；同时开展教学研究，深化教学改革，从而提高综合国力。法国政府针对大数据技术做出了一系列的投资规划，投资了 3 亿欧元，这对促进大数据技术在法国的发展有着十分重要的意义。与此同时，法国政府提出了"数字化路线图"，该路线图为法国大数据发展指明了方向。

综上所述，大数据时代的到来使得社会各个领域都发生了显而易见的变化，也为高校教育教学带来了巨大冲击。因此，高校的教育工作者要立足当下，着眼于大数据技术与教育教学的充分融合，使学生享受优质的教育。在与时俱进的同时，也要注意避免个人隐私通过使用网络大数据而泄露的问题。

三、研究方法

（一）文献研究法

在研究伊始，需要进行文献的采集、分辨以及整理，并通过对文献的分析研究，找出研究内容的基本属性。在研究过程中，需要始终运用有效的文献研究方法，完成对文献的基础处理。处理过程中需要运用文献研究法的相关经验，对搜集到的文献进行梳理，了解国内外大数据运用于教学的相关研究，及其基本的背景、现状。研究中使用了国内各大图书馆提供的大量文献资料，通过对这些文献资料的梳理，形成对此次研究问题的认识。通过图书馆、档案馆、互联网等渠道，进行文献检索与查找。此次研究，在中国知网 CNKI 数据库中进行第一轮的筛选，得出研究的范围，并对相关的文献进行整理，作为本次研究的基础。

（二）案例分析法

通过搜集、对比、分析国内外关于网络大数据对高校教育教学影响的实践案例，深入了解相关理论在实践中的具体应用，归纳出定制化教学的一般模式，为后续的教学设计提供参考。

（三）问卷调查法

问卷调查法是指根据研究目的，研究者设计统一的问题表单，并通过发放与回收该表单，从而汇总、统计与分析被调查者关于该研究主题的相关信息的一种调查方法。在本研究中，根据研究主题，结合具体实际，研究者自行编制了"大数据时代下大学生学习现状调查问卷"，以佛山技术学院大学生为研究对象，随机发放并回收纸质版调查问卷，对大数据时代大学生学习中存在的问题及其原因进行分析，并提出相应的改进措施。

（四）访谈法

本研究通过对大学生的非正式访谈，了解大学生对网络大数据对高校教育教学影响的认识程度和大学生对现有高校教育教学不满意的地方，并从大学生自身体验出发，找出高校教育教学中需要改进的地方，为研究设计提供依据与支撑。

四、研究思路与内容

（一）研究思路

本次研究首先就中外网络大数据分析对高校教育教学影响的研究文献成果进行梳理、分析、总结、归纳，进而根据既定的几个对比维度，分别从中外研究不同发展阶段的研究热度、研究热点、研究者、研究该方向专门机构情况、研究区域、研究方向趋势等方面进行对比探讨，并尝试归纳其中的异同点。根据中外研究的相同点、不同点，总结有助于后续研究的建议，分析现阶段国内外研究的优势与劣势。并且总结出现阶段在大数据应用于教学方面占有明显优势的区域或个人，为今后的研究探讨确定参考方向，并让更多人综合了解现阶段的研究进展以及研究成果，在日后研究中更能有针对性和方向性地去设计研究方案，促进相关研究的发展。

在最后的总结中，根据现有的发展规律、发展趋势，尝试对后一阶段的研究方向进行预测，从而更加明确这一领域未来的努力方向。

（二）研究内容

网络大数据行动计划是互联网改造传统产业、促进我国经济进一步发展的需要，是顺应大数据、云计算时代的产物。网络大数据对高校教育教学的影响是在网络大数据出现到盛行过程中所必须研究的课题，该课题囊括很多方面，且每一方面都有网络大数据对高校教育教学的促进点和潜在危害点。纵然其中存在潜在危害因素，但其优势是显著的。笔者结合网络大数据对高校教育教学产生影响后所遇到的问题和可以继续发展的方面进行分析，并根据问题出现的不同原因提出相应的对策建议，以期在网络大数据背景下推动我国教育教学事业的蓬勃发展。

本书主要从以下七个方面进行阐述：

第一部分对本书的研究背景与意义、国内外发展状况、研究方法、研究思路与内容进行详细的阐述。

第二部分概述大数据相关理论，包括大数据相关概念、基本特征与作用以及大数据的时代意义与前景。

第三部分阐述了大数据时代给大学生学习带来的挑战。先分析当代大学生的学习现状，然后论述大数据时代带给大学生学习方面的积极影响与挑战，最后进一步阐述如何有效应对这些挑战。

第四部分首先分析了网络大数据对教学模式的影响，接着提出了网络大数据背景下高校教学模式优化策略，最后对网络大数据下的高校教学模式与应用案例进行分析。

第五部分在大量资料收集研究的基础上展开网络大数据对教材与课程开发影响的阐述，具体内容分为三部分：前两部分为大数据时代的教材改革与课程改革，第三部分是网络大数据影响教材与课程开发的实际案例分析。

第六部分针对网络大数据对就业的影响展开三部分内容的分析：即大数据背景下高校学生就业路径分析与大学生就业服务的信息化建设分析，最后结合大数据时代下高校学生就业实际案例展开分析。

第七部分主要讲述网络大数据对创新创业的影响，分为网络大数据对高校学生创新创业的影响，以及相应的对策建议，网络大数据在高校创新创业中的实际案例分析三部分。

第八部分为结语。

第二章　大数据与大数据时代的基本概况

　　数据与人类文明息息相关，随着现代化进程越来越快，大数据也呈现出一种井喷式的增长。互联网、云计算、物联网时代的到来，使得人与人之间的互动越来越密切，生活相比从前也更加方便。人类累积的数据越来越多，它们分布在各个领域，并且还在不断累积增长，因此，规模庞大的大数据逐渐被人们关注，大数据时代悄然而至。

　　现如今，大数据的优势在各行各业显现，如电子商务、物流配送等，人们逐渐察觉到大数据的重要性。2016 年，麦肯锡全球研究院在一篇名为《分析的时代：在大数据的世界竞争》的研究报告中指出，大数据分析在服务业、零售业、制造业以及健康医疗领域都是十分被看好的潜力股。近年来，通过互联网进行的微信支付、支付宝等支付系统逐渐替代传统的纸币支付、银行卡支付，一些来自网络、手机或其他途径的数据已经成为人们资产的一部分，这给个人、企业以及社会带来了巨大的商业价值。微信、QQ、微博等社交媒体的出现和持续蓬勃发展，使得大数据潜在生产者的辐射范围扩大至全球。

　　教育是推动国家发展的基础，作为国家重点发展的行业，大数据在教育行业得到了广泛应用。技术的发展与教育的发展相互依存、相互促进，大数据技术也是其中一分子。高校作为培育人才、传播知识、创新技术的重要基地，为社会传输了大量人才精英，推动社会不断向前发展。在大数据背景下，高校的教育教学方式、课程改革等都面临着巨大的挑战，只有顺势而为，才能跟上时代的步伐。

第一节　大数据概述

　　大数据是近年来互联网行业的一个热词，人们用它来描述信息爆炸后带来的大量数据。第一个提出大数据时代已经降临的是麦肯锡咨询公司。该公司称，各行各业都离不开数据，数据已经成为人们生产生活中一个重要的因素，通过对大量数据进行挖掘能够预测人们的行为。对于大数据，并没有一个标准的定义，有研究机构给出这样一个定义：大数据是一种大规模的数据集合，涉及资料的获取、筛选、存储、管理和分析等。大数据的对象是由属性来定义的实体，且它是一个运行的概念，如图2-1所示。

图 2-1　大数据

一、大数据的概念

　　字节（ByTe）是二进制数据的单位。一个字节通常8位长的数据单位。数据传输大多以"位"（bit，又名"比特"）为单位，一个位就代表一个0或1（即二进制）。二者的换算关系是1Byte=8Bit。除此之外，计算机存储单位还包括KB（KiloByte，千字节）、MB（MegaByte，兆字节）、

GB（GigaByte，吉字节）、TB（TrillionByte，太字节）、PB（PetaByte，拍字节）、EB（ExaByte，艾字节）、ZB（ZettaByte，泽字节）、YB（YottaByte，尧字节）、BB（BrontoByte，千亿亿亿字节）……数据单位按照二进制来计算，进率为1024，即 1 KB = 1024 Bytes，1MB=1024KB，……一般情况下，大数据是指 PB（PetaByte，拍字节）级以上的数据集合，又称海量数据、巨量数据。

对于大数据区别于小数据的体量界限，学术界意见不同。正如麦肯锡全球研究院（McKinsey Global Institute）的观点："我们不需要给'什么是大'定出一个具体的尺寸，因为随着科技的进步，这个尺寸本身还在不断地增大。"大数据在处理海量、更新快、多元化信息过程中，需要借助新处理模式，使得大数据的决策力、洞察力和流程优化力逐渐增强。大数据技术的目的是通过对海量数据进行筛选、挖掘，从而发现有价值的数据，进而经过专业化处理来实现数据的增值。

二、大数据与云计算

从技术层面分析，大数据与云计算有着密不可分的关系。在移动互联网和物联网背景下，大数据技术通过对海量数据进行处理、分析、挖掘，从而得到有价值的数据；云计算是解决技术需求的方案，通过利用该技术来解决计算、存储和数据库等一类别的计算机基础设施构建需求。因此，大数据与云计算又存在着不同。

大数据技术在处理数据时，需要有云计算在旁协助。大数据技术处理需要采用分布式架构，以达到处理多台计算机中大量数据的目的，它具有分布式挖掘数据的特色。但是在此过程中，需要有云计算中的分布式处理数据架构、分布式数据库、云存储和虚拟化技术的协助。大数据处理技术对数据的分析，时常与云计算有一定的关联，因为实时的数据集分析需要多台电脑分配工作。而且，大数据处理需要利用特殊的技术来处理一定时间内的大量数据，例如数据库、数据挖掘、分布式文件系统、互联网、云计算和存储系统。综上所述，云计算作为处理数据的基础技术，支持着大数据处理。

三、大数据与信息化、智能化

数据是信息的载体。人类产生之初，传递信息的行为就已存在，但是承载信息的方式却经历了漫长的发展时期，从兽骨、竹片、白纸到碟片、U 盘和云，数据的承载方式也与之呼应，不断变化。

数据、信息、知识和智慧是完全不同的概念：数据是没有经过加工的原始素材，它既可以是连续的值，也可以是离散的值，或是可以作为统计、计算依据的数值。信息是将数据置于背景中进行研究、分类、计算和压缩，从而使其成为具有相关性和目的性的数据。知识是框架经验、价值观、背景信息、专家见解和基于直觉的流动组合，为评估和整合新的经验信息提供环境框架，它起源并应用于智者的头脑中。智慧是预测未来的知识，数据分析和技术挖掘是知识和智慧获取的基础。

数据是信息之母、知识之初、智慧之源。智慧化是信息化发展的最新愿景，大数据汇聚存储了信息资产，数据挖掘和学习分析技术是连接信息化与智慧化的桥梁。大数据正日益成为未来新一代信息技术融合应用的核心，为移动互联网、云计算、物联网等各项新一代信息技术相关应用提供坚实的支撑。

人类社会管理发展经历初期、半成熟期和成熟期三个阶段。不同阶段，资源的消耗与智慧的获取比例不同：在初期，消耗很多的资源却收获较少的智慧成果；在半成熟阶段，两者基本持平；在成熟阶段，消耗很少的资源却收获较多智慧，这也是大数据时代具有节能、绿色特征的根源。大数据管理属于人类社会管理的成熟期，将到达智慧管理的新阶段。

第二节　大数据的基本特征与作用

一、大数据的基本特征

在大数据时代，数据只要经过挖掘就可以产生意想不到的价值，无论该数据多么微小。大数据对海量的数据进行处理，规模性（Volume）、多样性（Variety）、高速性（Velocity）和价值性（Value）是它的特征，我们将这些特征简称为"4V"。大数据的"4V"特征在维克托·迈尔·舍恩伯格和肯尼思·库克耶合著的《大数据时代》中被提出。大数据在当下社会环境中起着十分重要的作用，使得人们对大数据的研究不得不更加深入和全面，大数据的特点也由"4V"发展到现在的"8V"，即以8个"V"开头的英语单词表示：规模性（Volume）、多样性（Variety）、高速性（Velocity）、精确性（Veracity）、关联性（Viscosity）、易变性（Variability）、有效性（Volatility）、价值性（Value）。

（一）规模性

规模性是指收集和分析的数据数量很大，实现从TB（TeraByte，太字节）级别到PB级别的飞跃。随着大数据时代的到来，以TB、PB、EB（ExaByte，艾字节）为数据计量单位的时代即将过去，全球将进入数据存储与处理的"ZB（ZettaByte，泽字节）"时代。

（二）多样化

多样化是指大数据的数据类型多样。大数据来自不同的数据源，主要数据类型包含结构化数据、半结构化数据和非结构化数据等。据相关统计数据显示，现如今非结构化数据占到所有数据的80%，而且这种态势还在不断增长，因此非结构化数据已经逐步成为大数据的主要部分。非结构化数据处理起来比结构化数据困难，但产生大价值的数据，往往是这些非结构化数据。

（三）高速性

高速性即数据流的快速处理。通过运用一系列新的软件和技术可以大大加快数据处理的速度，数据处理能力从批处理转向流处理。速度快要求批处理、实时性、多进程、数据流，需要对数据进行近乎实时的分析。实时数据流处理中存在 1 秒定律，即长期连续的数据监控中也许只有 1 秒数据是有用的，这一点和传统的数据挖掘技术有着本质的不同。

（四）精确性

精确性即数据的准确性。从数据源来看，绝大多数数据是个体思想和行为的实时记录，是个体真实意识的外在反映，其准确性要高于传统的数据来源渠道和收集方式，即便少数数据失真，也都被淹没在真实数据的海洋中。从数据量来看，大数据面对的是某一现象的全部数据，而非传统的随机抽样数据，"样本＝总体"的全数据模式将使判断和预测的准确性达到抽样数据无法达到的高度。从数据处理过程来看，通过一系列技术手段对海量数据进行"去冗""降噪"和"过滤"处理，并进行数据整理、挖掘和分析，可以得出更加准确、可靠的结论。

（五）关联性

关联性是指数据之间的关系。关联数据所产生的价值远远大于单独数据。大数据是从相互关联的数据流中探求彼此联系，而不是因果关系，只需要知道"是什么"，而无须明白"为什么"。在大数据时代，原本建立在人的主观认识基础上的关联物监测法已经落后，取而代之的是借助机器的超强计算能力和复杂的数学模型，对看似杂乱的大数据进行专业性测试和分析，自动搜寻和建立关联关系，并得出有价值的结论。

（六）易变性

易变性即数据流的高变化率。大数据时代，数据产生的渠道极其丰富，无论是人为产生、传感器获取、智能监测设备抓取都能在极短的时间内快速更新数据。大数据技术，需要对不断变化的数据做出快速反应，即在瞬息万变的状态下进行动态、实时分析。

（七）有效性

有效性即数据本身的有效性及依靠数据分析和预测的有效性。大数据技术的兴起与发展离不开存储空间技术的更新和壮大，优异的数据存储技术可以将海量的数据有效记录并长期存储，也可以追溯查找、循环利用，使数据本身的有效性及分析和预测结果的有效性大大提高。

（八）价值性

大数据时代下，虽然单体数据的价值密度在不断降低，但通过对大数据的抓取、清洗与分析挖掘，可以找到数据之间的相互关联、产生数据分析结果，因此其整体价值在不断提高。在实际的应用当中，大数据的影响力在不断地深入，在政务、教育、健康、交通、产业等各个领域都发挥着越来越大的作用。

二、大数据技术的作用

大数据技术的实质是人类处理数据的技术与运算能力的提升。同时，大数据技术为我们提供了一种新型的认识世界的方法，即做出决策的行为不再仅仅是依靠过去的经验和直觉，而是更加相信数据的分析。具体来看，大数据的作用有如下几点。

（一）大数据的处理分析挖掘促进新一代信息技术的融合应用

大数据时代下，通过充分利用云计算的功能为大量且多样的数据提供存储和计算的平台，进而对数据进行存储、处理、分析、挖掘，将有价值的数据反馈到各个领域中，这将为经济和社会创造价值，提供便利，加速社会的发展。

（二）大数据技术是信息产业持续高速增长的推进器

在大数据技术的推动下，数字信息产业的新技术、新产品和新服务逐渐涌现出来。在硬件与集成设备领域，大数据促进了智能芯片和数据存储产业的发展；在软件与服务领域，大数据加速了数据快速处理分析技术、数据挖掘技术和相关软件产品的更新迭代。

（三）大数据技术将成为提高组织核心竞争力的关键

大数据技术帮助各个行业的决策制定实现了由"业务驱动"向"数据驱动"的转变。大数据技术凭借其在数据分析与挖掘中得到的数据分析结果，为全社会不同行业和领域的决策制定提供了科学的数据信息支持，从而大大提升了社会组织的核心竞争力。

（四）大数据时代推动科学研究的方法手段发生改变

在大数据时代，相关研究人员可以通过不间断的监测，跟踪对象在网络中遗留下的足迹，进行数据处理、分析和挖掘，从而寻找数据之间存在的联系，进而整理、提出分析结果和相应对策。这种科学研究方法相较于之前的传统数据抽样调查有极大的进步。

第三节　大数据的时代意义与前景

大数据技术使世界各个领域发生深度变革，它不仅直接影响人类社会生产和生活，促进人们思考方式的转变，而且发挥了"鲶鱼效应"，激发政府、市场、企业和高校等组织深层次变革的活力。以往，数据就是信息；今天，数据成为"金矿"。图 2-2 所示是《数据时代 2025》展示的全球 2010—2025 年产生数据的每年规模。

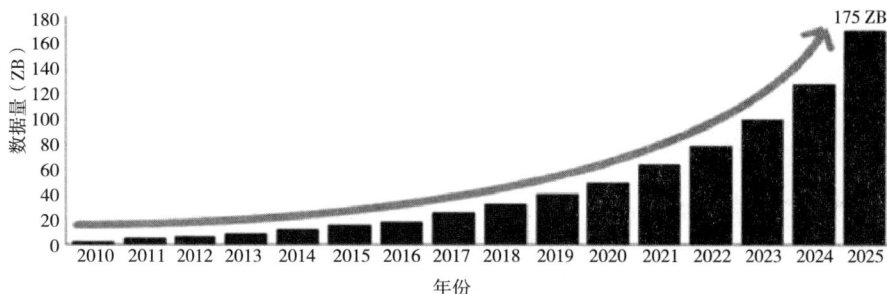

图 2-2　全球 2010—2025 年产生数据量统计图

一、大数据重塑生产关系

　　大数据不仅是技术或生产力、竞争力，它也刷新了马克思的"生产关系说"。从经济基础到上层建筑，大数据从整体上加快了经济、政治、社会信息化建设步伐。马克思曾经在《政治经济学批判》中指出，生产关系包括人们在生产、分配、交换和消费等方面的关系，这是小数据时代的思想，即人类的行为产生各种各样的数据。除此之外的数据，都是微乎其微的。进入大数据时代，由于信息技术的快速发展，几乎所有的人、事、物都会产生海量的数据，进而人、事、物之间再关联产生各种各样的"数据关系"，并且这种关系更加复杂、更加容易产生。海量数据巨增致使海量"关系"存在，并最终引发两种反应：一是地球上的一切都将以"数据的方式"表现出来；二是海量的超出人们在生产、分配、交换和消费等方面的"关系"产生，将会为人们融合创新提供丰厚的基础条件，而创新又将推动生产力的巨大发展和社会的巨大进步。当前时代，信息和数据成为最重要的资产和生产资料，生产工具是一个时代生产力发展的重要标志，当前时代最基本的生产工具可以说是大数据工具。大数据是思维，也是方法论和技术工具，依据马克思主义理论划分时代的方法，当前的时代也可称为大数据时代。在大数据时代，大数据为基本工具，重塑了生产力与生产关系，促进了社会政治、经济、文化等各方面的变革。

二、大数据促进思维变革

人类进入大数据时代，所发生的变化不仅有技术上的更新，还有信息处理方式、思维方式和人工智能的升级，这也就是"大数据思维"。

（一）整体性思维

在大数据时代，整体与部分的关系将发生新的变化。传统小数据时代，局限于数据采集、存储和分析技术的不足，样本分析是"以小见大""以局部见整体"的便捷思维方式，它使得大数据时代之前的大量数据分析变得可能。随机样本分析，可以花较少的成本做出高精准度的推断，这个方法对掌握同质性事物的性质特别有效，因为"所有数据其实都是样本而已"。虽然随机采样获得了较大成就，但其本身存在许多缺陷：对采样的绝对随机性要求，容纳不了任何偏见；样本调查无法顾及事物的细节分析，子类型不同，分析结果的正确率大大下降；样本分析的延展性不够，调查数据重复使用性不高。对于结构高度复杂、开放的系统，小样本更易产生极端结果。但是这一切在大数据时代已不再是问题。利用大数据技术和云计算技术，人类可以实现"样本＝全体"的认识分析，这种"抽样"到"普查"的转变，可以通过对更多数据、相关数据的分析来实现，进而提高掌握事物本质的精度。大数据时代，样本分析与大数据分析可以相互补充，发挥各自优势。当然，我们的思维方式要实现根本性的转变：由样本思维向整体思维转变。大数据的大，不仅在于量大、价值大，更在于其整体性。

（二）非线性思维

我们所处的世界其实是确定与不确定的统一、简单和复杂的统一、决定性与非决定性的统一。长期以来，线性思维一直是科学领域常用的方法，人们对于事物关系也拘泥于线性关系，线性方法实际是对非线性世界研究的简化，是一种近似研究，与现实世界的真实性存在一定的距离。然而，大数据时代，非线性关系恰恰是"大价值"的源泉，问题的解决方案往往隐藏在不起眼的"异常关系"或"相关关系"之中。当大数据思维表现出多样性时，非线性也就变成了它的重要特征。大数据可以通过海量的数据收集，从而更加接近世界本来的面目，使人类的认识更加科学、合理。大数据时代，所有发生的数据几乎都呈现复杂性和非线性。

（三）容错性思维

在传统小数据时代，样本分析对数据的准确性要求极高，因为 5% 的结构性数据是寻找事物本来面目的全部凭据，容不下数据的不准确，否则分析得出的结果在类推总体上就会"背道而驰"。数据准确性是人类过去由于运算能力和数据处理能力不足而产生的追求，然而在大数据时代，所有数据不必追求精确性，而是允许混杂性的存在。允许不确定数据的出现已成为一个新亮点，而非缺点。当拥有了海量数据时，借助技术手段可以预测事物的发展趋势，小的不精确数据被淹没在数据海洋之中，因此它是可以暂时被"忽略"的。另外，人类的认知能力是有限的，获得全部精确的数据也是费时、耗力且没有必要的。同样，数据混杂性不需要极力避免，而是大数据应用的标准途径，因为数据应用机制不断改变才能适应时刻变化的世界。人们只有放弃对精确数据的执着，才可能拥有海量的数据；在某种情况下，也许包容错误产生的价值要远大于执着避免错误。在大数据时代，人们传统的精确思维要向容错性思维转变，放弃对绝对精确的渴望，容许一定程度上的混杂与错误，才能从宏观上获得更大的知识量和更强的洞察力。

（四）相关性思维

"相关性思维"是大数据的精髓所在。相关性不必分析事物的内在机理、因果关系，只需要通过关联事物寻找事物发展的趋势，即概率的可能性。相关关系的核心是衡量两个数据值之间的数量关系，如正相关或负相关，也就是判定相关关系强弱。相关关系强并不代表预测结果绝对会发生，只是可能性比较大。因果关系是相关关系中特殊的事件，是追求绝对、决定的关系。人们通过对相关关系的关注，会有许多新的发现，能更加全面地掌握事物发展动态及技术的复杂构造，这是人类在关注因果关系的传统数据分析时代所不能收获的认知。

（五）平等性思维

平等性，即海量数据不存在价值大小、地位轻重的区别，而是具有相同的重要性，即具有价值生态位平等性。在大数据时代，所有数据都是平等的关系，每个独立的数据不具有价值或者说具有很小的价值，因此用传统的层层剥笋的方法发现事物本质是行不通的。平等的理念和思维越来越体现在大数据的世界中，平等理想的实现也越来越依靠大数据技术的保障和促进。

（六）开放性思维

大数据时代，数据之所以能够成为一种新兴资源，主要在于其具有开放性、重复开发利用性。人类认知收获的传统途径不具有及时性，也受空间所限，会阻碍最新认知的扩散。在今天，以互联网技术、大数据技术、云计算技术及社交媒体技术为支撑，信息传递变得异常快捷。因此，大数据时代是个"Open（此处为开放的意思）"的时代，一切信息都被第三方掌控，使得"分享、共享"的思想不断深入。大数据时代不仅要开放数据，更要唤醒、激活数据，要将熟睡的、未苏醒的数据变成有价值、有创造性或是隐性价值的活跃型数据，这是大数据的特征之一，也是大数据存在的根本意义，同时也是开放性思维的价值追求。

三、大数据推动社会变革

在云计算、信息化革命的推动下，"互联网＋政治""互联网＋产业""互联网＋生活""互联网＋管理""互联网＋文化"……各种跨界融合、交叉渗透比比皆是，可以说，整个社会的面貌发生了颠覆性的改变。大数据时代的融合、连通、创新是其重要符号。"大数据＋相关事物"都将发生巨变，呈现"大"的趋势，大教育、大管理、大发展……与此同时，"大"的相反方向——"微"事物也如雨后春笋般层出不穷。精准医疗、精准扶贫、智慧政务等助力政府"数字服务力"提升，微信、微博、腾讯 QQ 架起了世界连通的桥梁，华文慕课、学堂在线、微课、翻转课堂开启了教育改革的新时代。

（一）大数据与产业升级

麦肯锡咨询公司预测大数据时代已经到来，大数据将成为产业升级的引擎，其所涉及的领域将产生全产业链的变革与创新。首先，大数据驱动传统行业转型。大数据技术的进步、产业的发展以及大数据与其他产业领域的深度融合将从根本上推动传统产业的转型升级。大数据的有效利用可以创造极大的经济和社会效益，许多行业、企业和部门利用大数据技术降低成本、增加透明度、优化业务流程、完善服务体系，从而提高资源利用效益，实现价值最大化，最终实现管理升级。其次，大数据能够优化生产流程，促进制造业智慧化。大数据技术覆盖工业产品的全生命周期以及整个产业链条的各个环节，依靠大数据的分析来感知不同客户的需求以及不同商品的特性来提升产品的附加价值，通过构建不同行业和领域的工业大数据分析应用中心来打造大数据时代下真正的智能工厂。

（二）大数据与科技创新

大数据成为人类认知和科技创新的新动力，科学研究面临新的范式转换。如果把实验科学视作科学研究第一范式，理论科学视作科学研究第二范式，计算科学视作科学研究第三范式，那么数据密集型科学则是科学研究第四范式。当前的科学研究已步入大科学时代，利用大数据的可计算化、可知识化，可以实现理论建模、状态描述、数据分析等科学研究功能。当然，多源、多元、异构的大数据转化为大信息，大信息转化为大知识、大智慧，还需要其他学科协同创新和共同进步。

（三）大数据与社会教育变革

大数据时代，教育技术的发展促进教育环境的改善，促进教育方式、教育策略的变革，最终促进教育效果的提升，对学生的发展产生直接的积极影响。大数据时代最大的特点是知识无处不在、随处可得，这样的社会状态即是"人人皆学、处处能学、时时可学"的学习型社会。建立网络化的泛在学习体系是我国教育信息化工作的重要目标，"互联网＋智慧教育"是教育工作者孜孜以求的梦想，也是人们多年的渴望。智慧教育的趋势不可阻挡，以大数据为基础的新一代教育平台和管理模式显示出强大的竞争力，在教育领域引发了根本性变革，具体表现为以下几点：

第一，基于个体特殊需求的适应性在线学习平台突破了空间、时间和资源的限制，彻底改变了传统的学校教育方式，"以学习者为中心"的智慧学习、大规模学习、碎片化学习、免费学习、个性化学习和终身学习成为现实。

第二，教学内容的呈现方式多样化、可视化、人性化程度大大提高，学生可以进行远程学习或借助视频、音频等学习资源学习，老师可以借助数据库工具、远程教学等教学工具实现高效教学管理的目标，目前"翻转课堂"已成为网络教学的新的教学形态。

第三，教育资源信息化网络使优质教育资源形成一种良性循环，学习资源发挥的作用越来越大，形成了一个互通有无、交流共享、共同提升的学习共同体。

第四，在传统教育领域，大数据收集和分析技术将为教育决策提供信息基础，帮助学校有效改进教学，提高教学效果，引导学生提高学业成绩。

（四）大数据与社会生活变革

大数据在国家治理、教育等领域亦大显神通，"智慧城市"与"智慧地球"让这个世界更智能、更奇妙，智慧交通、智慧医疗、智慧文化、智慧社区等让人们的生活更加智能、便捷和舒适。衣、食、住、行是人类最基本的活动需求，这些生活行为既是大数据产生的源头，又依靠大数据发生革命性的变化。

第三章　大数据时代给大学生学习带来的挑战

大数据时代的到来给世界以强大的冲击，各行各业纷纷将大数据的优点进行充分发挥。在教育行业中，高校对大数据的运用尤为突出。同时，大数据的出现，对大学生学习的影响也是十分明显的。这或许是机遇，但同时也是挑战。

第一节　当代大学生学习现状

一、高校教学的现状

众所周知，高校以往的教育教学模式是封闭式的。高校与高校之间，高校与社会之间虽有联系，但是并不频繁，尤其是高校与社会之间的联系就更少了。随着网络逐渐成熟，大数据的加入，传统的高校教育教学发生了巨大的变化。如高校课程的安排，由之前的面对面教学到现在的线上教学；高校的专业设置，在之前常见的专业基础上，增加了虚拟现实应用技术、大数据科学与大数据技术等新的互联网专业。高校教学在发生转变的同时，大学生的学习也在悄然发生变化。

二、大学生学习的现状

大数据时代，以学习者为中心，因此高校需要了解学生学习的真正状态，以实现精细化的教学管理。为了真实地再现大学生学习的现状，笔者以佛山职业技术学院的大学生为对象，在不同年级、不同专业中共选取 523 名大学生进行了随机抽样调查，并选取 100 名大学生进行了跟踪访谈。发放问卷 523 份，收回问卷 483 份，其中有效问卷 447 份，回收率为92.3%，有效率为 92.5%。

统计结果显示：现如今，大学生的大部分时间花在互联网上，信息、学习资源的获取也主要通过互联网渠道，非智力因素是影响大学生学习质量的主要因素。一是高校学生逃课率较高，且高年级学生的逃课率要远远高于低年级。调查结果显示，78% 的学生有逃课记录，1~4 年级逃课率分别为 43.97%、85.93%、91.03%、87.96%。二是大学生的网络学习愿望及需求较为强烈。91.98% 的大学生获取课外学习资料主要通过上网，而选择到图书馆查阅纸质资料的大学生仅占 8.02%。53.96% 的大学生每天通过手机或电脑上网达 4~5 小时，30.95% 的大学生上网时间可达 6~7 小时；但其中，83.03% 的大学生用于上网学习或查找资料的时间仅为 1~2 小时。三是大学生最为关注的学习资源是与考试、考级等相关的内容，并且期望可以通过在线学习的方式来提高考试成功率或成绩。四是相较于传统学习方式，大学生更喜欢交互性、娱乐化、参与式学习方式，如按照课程知识点设计的微课程，类似游戏升级通关式的分段式教学方式，通过手机、电脑等设备，连通在线课堂，实现教学讨论与师生交流等。

第二节　大数据时代对大学生学习的积极影响

在华夏五千年的文化积淀中，有太多宝贵的资料需要我们这些后人去收集、存储、研究，甚至可以说我们是站在巨人的肩膀上进行各个方面的继承和创新的，如科技创新、文化创新等。最初，由于数据太过庞大无法进行有效的存储和管理，致使一部分资料丢失，因此，亟需一种数据管理技术来改变这种现状。直到 2012 年，"大数据"一词的出现，为我们创造了新机遇，即大数据技术可以有效改善上述问题。大数据技术通过开源爬虫（WebMagic）与内存数据库（main memory database）的分布式爬虫技术来收集数据，再通过分布式存储技术将信息进行整理存储。大数据技术可以很好地将所有数据进行保存处理，以便之后查找和使用。各行各业在进入大数据时代后有了明显的改变，在这里，我们以大学生的学习为例，讨论大数据时代对大学生学习的积极影响有哪些。

一、大数据技术可以激发大学生的学习兴趣

爱因斯坦说，兴趣是最好的老师；托尔斯泰也指出，成功的教学所需要的不是强制，而是激发学生的兴趣。因此，如何利用大数据激发大学生的学习兴趣已成为现代教育教学的关键点。

动态影像激发兴趣。大数据时代的突出特点是使动态影像成为可能，教师可以通过动态影像教学来激发学生的学习兴趣。首先，教师根据教学内容的不同在网络大数据中遴选有价值的影像素材。其次，通过评价信息和运用信息，将影像与授课知识进行深度融合，尽量弱化学生学习的枯燥感，强化学生对知识的认可度。通过课堂放映以达到既激励学生学习、巩固教学内容，又有效地调节课堂气氛的教学目的，最终学生会因形象生动的影像教学对学习产生浓厚兴趣，并燃起探索新技术和未知领域的强烈渴望。

游戏机制激发兴趣。目前，越来越多的在线学习平台将趣味性的学习机制引入产品设计中，由此产生"游戏化"的教育机制。这种教育机制通过借鉴游戏中的部分元素、机制，改善一些学生因为缺乏学习动力导致学习目标不明确、学习反馈不及时等问题。在当前高校教育中，已有不少游戏与学生专业有所联系，例如"垄断大亨"游戏，在游戏中学生可以体验投资和经营一家企业的全过程；"虚拟城市"游戏，可以让学生模拟规划并管理城市的交通设施；美国教育竞技场中的"超级充电"和"迷宫"游戏，可以让学生充分理解相关物理概念，快速掌握数学和文学知识；"速录训练软件"，在体验过程中学生能够及时得到学习结果的评价及反馈。

以上列出的由大数据技术研发出的游戏均可以使学生充分体验学习或职场情景，在提高学生解决问题能力的同时，也增强了学生的自主能动性、创新能力和创造能力，并使学生对学习的态度变得更加积极。

综上所述，利用大数据所形成的动态影像、游戏机制等均可以达到激发学生学习兴趣的目的，并且有利于培养学生持续性学习的习惯。

二、大数据技术可以为大学生提供信息资源

在高校教育教学中，信息资源是重要组成部分，是基础教学及检验教学成果的必备条件，也是完善和改革教学的原始依据。随着高校教育教学改革的不断深入，高校信息资源的开发和利用尤为重要。而大数据时代的到来，为大学生学习添加了类似信息资源的工具。大数据具有的海量性、多样性、高速性和价值性等特点可以使信息资源效用实现最大化。大学生既可以随时随地利用信息充实、提升自己，也可以完成自己的课业。信息资源可以划分为基础信息资源和价值化信息资源两部分，大数据通过如下方式为大学生提供信息资源。

基础信息资源。针对该部分资源，大数据技术需要利用网络爬虫、日志收集等工具广泛收集网络和日志中存在的数据，并对数据进行简单处理并存储。利用大数据技术可以收集到大量且多样性的数据，这有利于高校学生集中查找资料，缩短寻找资源的时间，提高查询效率。

价值化信息资源。这部分资源是以基础信息资源为基础，通过清洗、分析、挖掘等操作进而得到的具有潜在价值的资源。在处理信息资源过程中，需要利用大数据清洗技术、分析技术和挖掘技术等专业技能来提高学生处理信息资源的效率和决策的效率。

通过应用大数据而获得的基础信息资源和价值化信息资源将有利于拓宽学生知识面，为学生全面化、专业化学习提供一个全新的起点。

三、大数据技术可以催生大学生学习的创新性

创新是现代大学生应具备的一种素质，培养学生创新能力不仅关乎教

学质量，而且关系到学生的综合素质。然而，由于受到传统观念的影响，创新常常与发明创造相联系，因此抑制了人们的创新能力发展。由此可见，提高学生素质，培养学生的创新能力，已成为教育教学中亟待解决的问题。创新能力的形成离不开数据的收集、识别、分析和应用。大数据可以催生大学生学习的创新性，体现在良好学习习惯的创新、探索精神的创新和研究能力的创新。实现以上创新能力培养的途径如下：

加强学生科技和人文素质教育。学生创新能力的培养是素质教育的重要部分。通过利用大数据分析技术和可视化技术，可以让学生意识到综合素质的重要性及自身的现状，由此着重提高其科技和人文素质，对知识融会贯通，并可以高效处理知识，从而形成创造性思维，为创造性实践做铺垫。

发挥大数据优势，营造创新性学习氛围。当前大规模的在线教育已逐步变革传统的教育方式，学生正在通过创新的方式进行更为投入的学习，如知识短片的制作和发布。该种创新性的学习方式既实现了通过传播知识而达到内化的目的，又鼓励了学生的主动学习、实践学习。高校也应该积极关注国内外教育方式，发挥大数据时代的教育优势，鼓励学生多去创新创造，以此为契机营造创新性学习氛围，促进学生创新能力的迅速提升。

乘新时代东风，扬帆再起航。大学生作为我国科技创新的后备力量，其创新能力的培养格外重要。高校应该全面提升学生的创新意识，积极培养学生的创新能力，为社会的进步、国家的发展输送高素质的复合型人才。

四、大数据技术可以提高大学生学习的效率

大学是学生时代的最后一个阶段，也是最为重要的一个阶段，对学生未来进入职场有着至关重要的作用。在这个阶段，大学生对大数据的应用非常普遍，但大学生需要对大数据的使用进行自我管理。大学生只有对大数据加以充分、合理利用，并主动规避大数据带来的消极影响，才能借助大数据的应用提高学习效率。学校应用大数据来提高学习效率的措施如下所示：

首先，学校可以利用互联网技术搭建学校与学生的交流学习平台、学

校与家长的交流平台。学校与学生的交流学习平台可以使学校及时了解学生在大学生活中的兴趣爱好、困惑等情况，从而合理制定教学计划，进而使学生实现有效学习。学校与家长的交流平台有利于家长及时掌握学生的学习情况、学习状态。其次，利用大数据技术及时对交流学习平台中的学生数据进行统计与分析，并将结果展示在交流平台中，该结果既有利于拉近学生和家长的距离，又有利于家长与学生之间进行有效沟通。这两个平台的构建不仅能够更好地促进学校与家庭联合教育的建立，还能够更好地帮助学生实现学习和能力的全面发展，最终实现提高学习效率的目标。

五、大数据技术可以培养大学生对学习的管理思维

管理思维是指在整个管理行为过程中相伴相生的思绪运动。个人管理思维越成熟，决策的准确性就越高，以此激发出的个人的创新能力也越强。管理思维的提高有助于理解能力的增强、执行力的提升、办事效率的提高。大数据具有规模性、多样性和价值性，而管理思维的培养依赖这些特性，从而达到思维的更新和精进。以下是利用大数据培养学生个人管理思维的途径（以系统思维为例）：

系统思维是指将相互联系、依存和制约的多层次、多方面事物按照一定结构组成有机整体的思绪过程。该思维要求将研究和处理对象看作一个完整的系统，既要求看到其中的组成部分，又要辩证地对待整体与部分、部分与部分、系统与环境等之间的相互联系和相互作用，并能够从整体上将系统中的事物加以处理和协调，以求对问题做出最佳处理。当下所处的大数据时代为系统思维提供了有效的整理数据技术和结果展示技术，大数据技术的利用有利于促进系统思维的快速形成。其实现途径如下：首先，利用大数据采集技术收集需要整理的资料信息，并借助数据预处理技术初步处理资料；其次，利用数据分析技术和数据可视化技术形成具有高度逻辑性、系统性的结果。其中的数据整理，帮助学生收集数据，即是形成思维的基础；初步处理是将数据进行简单分类，这有助于学生形成整体框架思维；结果展示会形成各种统计图表，该部分图表是一个最优的系统框架，

即提供了一个参考思维图，有利于培养学生的系统思维能力，促进学生逐步完善自己的系统思维。

系统思维只是管理思维中的一个小项，学生只有不断地训练对问题的思考、剖析、提炼等能力，才能掌握从感性到理性的思维方式，进而加快思维方式的转变与管理思维的提升，为未来的学习打下坚实的理论基础。

六、大数据技术可以加深大学生对就业创业的认识

随着社会高速发展，大数据已经渗入各个行业，并逐步变成重要的社会资源。究其根本，是它所具备的优势，即降低成本和缩短时间，易于优化产品和开发新产品，并可以做到智能决策。大数据带来便利的同时，也为大学生提供了新的就业方向。大学生可以通过大数据信息对职场进行模拟，储备进入职场所必须掌握的技能。大学生毕业后要想快速顺利就业创业，需要紧抓大数据时代潜在的机会拓宽就业创业方向，其方法如下：

掌握大数据技术相关技能。熟练地掌握、操作大数据相关技能，不仅可以让简历出彩，同时会使人更加自信。与大数据有联系的技能有 java、Python、数据开发、数据分析、数据测试等。

训练语言表达和思维方式。在大学时期可供大学生发言的机会很多，这项技能在今后的工作当中也是不可或缺的；除了语言表达能力之外，还需要有系统性、逻辑性和严谨性的思维方式。这些技能的养成可以借助大数据技术，通过利用大数据技术来收集最为有效的训练方法，以此来加快能力提高的速度。

由于大数据会给大学生就业创业带来积极的影响，因此大学生要充分利用大数据的优势，提升自己在大学期间的价值，为今后的就业创业做铺垫。

第三节　大数据时代带给大学生学习的挑战及原因分析

事物都有两面性。大数据在给大学生学习方式带来机遇的同时，不可否认，它也对大学生群体的学习方式产生了一定的消极影响。大数据时代给大学生学习带来的挑战主要集中在学习过程、学习行为、教师引导以及学习环境四个方面。

一、大数据时代带给大学生学习的挑战

（一）低效的资源利用

大数据背景下，信息资源的更新更加频繁，这保证了信息资源的时效性，有利学习者能够时刻紧跟时代的发展。但是，另一方面，新信息不断涌现，速度之快远远超过了学习者的学习速度，从而让学习者失去了对信息的掌控，产生一种不安全感。据调查显示，半数以上的大学生认为如果每天不及时上网浏览最新信息，就会产生被淘汰的感觉。

具身学习指的是学习者通过利用信息资源从而实现有效学习的手段。目前来看，大量的学习者已经被这些无穷无尽的信息主宰，学习低效感油然而生。这种低效感主要体现在学习资源的运用和学习媒介的使用两方面。一方面，数字化资源导致学生学习时间零碎化，注意力无法集中；另一方面，学习媒介的使用分散了学生的注意力，导致学习效率低下。如大部分学生存在如下状态：数据更新太快，开始学习前，忍不住想去刷刷微博，等拿出手机，突然看见前几天刚下载的听歌 App，又想去试试看；不知不觉过了近一个小时还没开始学习，心里想着好浪费时间，下次再也不这样了，但下次还是很难控制自己的行为。

类似的，一些大学生自己用平板电脑、手机等移动设备学习的时候总会忍不住分神，学习效率很低。即便自身也清晰地认识到问题所在，可就

是无法改变，反反复复，学习效率变低，也浪费了自己的学习时间。综上所述，大学生群体已然对具身学习在形式上产生了一定的依赖性，这样的情况造成了大学生群体的困扰，从而形成表里不一的学习过程。如果没有及时更新自己的资讯库，便会萌发一种焦虑感。而一旦过多地介入又会被这些信息牵制，从而影响学习活动。不可否认，大数据对具身学习的发展提供了一定的技术支持，但是这样的技术也带来了学习效率低下的后果，大学生感到矛盾与焦虑，这样的现状不能不引起研究者的反思。

（二）停留在表层的学习

大数据为大学生获取想要的资源提供了便利。随着信息技术不断进步和完善，学习者无须过多地记忆，因为大数据会帮助其归类整理，并且根据其搜索的关键词推送关联性极高的学习内容。但这种便捷往往成为学习进入深度状态的"绊脚石"。无论是思维还是能力方面，学习者都容易停留在学习表层，久而久之就会形成浅尝辄止的学习习惯。

学习是经由表层学习至深层学习的一个综合发展过程。其中最原始的表层学习主要包括简单记忆与理解，而深层学习主要是对知识的综合、分析和运用。一方面，学习资源量大，导致学生缺乏耐心，没耐心看完；另一方面，资源的种类过多但往往深度缺乏，致使学习快餐化。此外，数字化媒介的介入让大学生自身独立思考时间减少，学习能力退化。如大部分学生会产生这样的想法：手机、电脑这么方便，只用记几个关键的词，知道如何搜索信息就好，有些专业术语多且难的段落就直接跳过。

无论是在思维方式还是学习能力上，可以说目前大部分学习者在学习中心浮气躁，且只能对知识进行简单的识记，还不能达到理解状态，更谈不上运用。

反观现今的部分网络资源，不难发现，其受欢迎程度与其快餐化、视觉化等特点成正比。学习者的目的旨在快速输入，至于思维过程已然被过滤，所以学习者很难体会文字背后的深意，学习的过程逐渐变成了简单的"识记—接受—填空"三者的结合。仅有少部分的大学生认为自己对学习内容常常存质疑的态度，保持思考的状态。大部分学习者的思维随着文字逻辑的缺失而变得迟钝，长此以往学习能力就会逐渐退化。

（三）教师引导欠缺

教师是学生学习的促进者。区别于离身学习中教师对课堂的主宰，具身学习更多体现的是学习者的主体性，这也就对教师提出了新的要求。一方面，需要教师能跟上信息化时代的步伐，改变自身的教育教学方式，熟练运用信息化工具来促进教学。另一方面，教师应化身学生学习的学伴，将学习的主动权归还给学生。

根据调查结果，在学习者实际学习活动中，教师的指导却不尽如人意。首先，教师的教学方式比较死板，有一些教师还停留在线性的知识点讲授上，不太会通过一些情境或者活动方式来辅助学习者进行学习。其次，教师离真正实践因材施教还有相当一段距离，对学习者的学习协助较为缺乏。

正如部分学生所言："虽然现在交流越来越便利，但我与老师的交流次数依旧没有什么变化。我很想同他讨论，可是每次一下课老师就匆匆走了。感觉有一些任课老师留的邮箱形同虚设，除了交作业，一般发邮件很少有回复。所以觉得学习有点吃力。"

这不是个案，而是普遍存在的情况。大数据给我们带来了大量的数据资源，确实节约了我们查找资料的时间，并且其更新迅速，非常适于时政新闻这样一类要求时效性的资源的传播。而同时，其中必然会出现一些良莠不齐的资源，学习者容易迷失。教师指导的缺乏让学习者很容易陷入以偏概全、先入为主的错误观念中不能自拔，从而产生一种习得性无助感。由此可见，教师指导的缺乏会使原本应该给学习者学习带来积极影响的具身学习反而给学习者造成了些许学习无力感。

（四）不利的学习环境

环境是保障具身学习得以顺利开展的关键外因，然而在实际中，大学生的学习环境却呈现出不利其学习的状态。学习环境包含两方面，其一是数据环境，其二是校园环境。

从数据环境来看，数字化资源联结个人隐私，导致信息易泄露。例如，许多学生反映经常会收到各种骚扰电话或是短信，个人信息安全存在较大隐患。另外，由于大数据是新兴产物，目前为止其技术支持还不够完善，导致学习资源冗杂，辨识度低。正如学生所言：网上资源太多，感觉很杂乱，质量无法保证不说，而且还经常出现一些劣质、骗人的消息，很容易让人误入歧途。

从校园环境来看，当前的校园学习空间相对缺乏，学习氛围不浓。不少学生表示：自习室几乎是考研人的天下，图书馆一到考试复习周人满为患，在寝室不能安心复习，想想都没地方可以让我们好好学习。还有相当的一部分学生表示：学校的校园网真是信号弱爆了，还经常掉线，我们想下载学习资料都很困难，久而久之就不想学习了。由此可见，学习空间的相对缺乏与校园网的不稳定成为校园学习环境中备受大学生群体关注的问题。

二、大数据时代带给大学生学习挑战的原因分析

随着大数据与教育融合的进一步加深，学习过程中对学习资源的低效利用、大多数学习者停留在表层的学习行为、教师对学习者指导的不足以及学习环境的数字化服务无法跟上等问题悄然显现。只有探究出问题背后的原因，才能从根源上各个击破，使得大数据最终能为学习者的学习保驾护航。

（一）学习者自身：缺乏质疑精神、自制力弱

以哲学的视角来看，内因在事物变化发展过程中起决定因素，外因通过内因起作用，而学习者即为内因。换言之，学习者自身就是问题产生的"病原体"，其思维方式、行为特征等成为影响问题的核心因素。

首先，大部分学习者缺乏质疑精神。当前，我们正处在信息化带来的快节奏生活状态中，各种"快、准、鲜"的学习资源吸引着每一名大学生的眼球。当大学生习惯了这些言简意赅的数字化学习资源以后，那些篇幅

太长、内容晦涩的资源自然不会成为学习者的首选。渐渐地，学习者形成了一种依赖心理，不愿意去质疑和思考，简单的鼠标点击便可以通过百度等搜索引擎得到答案。这种学习方式相较于以往边读书边做笔记的方式节省了太多的书写与思考时间，久而久之，很多学生形成了"只知其一，不知其二"的思维模式。质疑精神的缺乏导致他们思维活跃度降低，于是"不愿知其所以然"成为大数据背景下大学生们的学习常态。

其次，大部分学习者自制力较弱。大学的生活与学习不同于高中，上大学之前，学习由老师督促，生活由家长照看。上大学之后，尤其是大一的新生，生活上第一次完全离开父母的看护，进入"放飞自我"的空间，学习上也从"他控"变成了"自控"。心理学研究表明，强烈压抑后的释放，其力量是惊人的，而随后带来的往往是内心的空虚。在经历了高考的紧张学习之后，进入环境相对自由的大学，大学生们往往会通过玩乐来释放自己，如 K 歌、通宵打游戏等方式。这一方面导致他们作息时间混乱，危害身体健康；另一方面让一些学习者逐渐迷失自己，外表上玩得越厉害，内心可能越空虚，不知道自己该何去何从。加之一些大学生自制力不够，所以即使能意识到问题所在，却无法改正缺点。许多大学生存在如下状态："我一般手机不离身，过几分钟不上网就浑身难受。这导致我学习效率降低，学习的知识也比较肤浅，可是我没办法控制自己，有时候除了上网我不知道自己该干什么。"

（二）大数据环境：信息安全弱、内容失真严重

自大数据诞生以来，其受关注度一直居高不下，时至今日，其影响早已渗透教育系统的方方面面。虽然信息技术的发达值得欣欣鼓舞，但一时间的突然流行，必然导致良莠不齐、鱼龙混杂。正是由于大数据似乎无所不能，人们渐渐忘记了其存在的一些风险，这是造成大学生学习环境如此不利的重要原因。

第一，隐私安全。如今大学生身处信息汪洋之中，与其说是在体验数据带来的便利，不如说是在消费自身的隐私安全。大数据以"大"闻名，

其中必然包含学习者的隐私信息。从 App 的注册到网上考试报名再到预约就诊等，手机号码、住址、邮箱等个人隐私信息早已被悄然收集，有心之人以此为跟踪目标或者将其变卖坐收渔利。就隐私与伦理而言，大数据的运用面临着严峻的考验。令人更为忧虑的是，大学生们似乎缺乏信息保护意识。从调查数据可知，近 70% 的大学生在浏览网页搜索资料时并没有或者没有足够的自我信息保护意识。这样，只会加剧隐私泄露事件的发生，出现更为严重的信息安全问题。虽然大数据自身的安全隐患短期之内很难解决，但是大学生自身应该加强这方面的安全保护意识。

第二，信息失真。海量数据资源和混杂数据源的融合会导致大量的信息失真，一些错误数据会导致大学生学习结果的不准确性。换言之，大数据在给大学生带来大量信息的同时，也无法避免地混入了一些虚假消息。这些消息容易使得大学生误入歧途，被数据左右而将复杂的学习活动等同于简单的数据堆砌。一些大学生不从学习活动本身出发来找寻相应的数据，而是本末倒置地通过数据来观测学习。殊不知，一部分数据自身就是虚假的，学习活动自然便失去了其原有的意义。在大数据时代，思维活动弥足珍贵，因为这无法透过冰冷的数字直接得到。对数据的盲目推崇，最终会弱化甚至消除学习思维。归根结底，如何监测数据的真实性，怎样才能挖掘出有效的信息为大学生所用，这是大数据时代高校和教师所面临的迫在眉睫的问题。

（三）教师角色：观念落后、数据运用能力不足

教师是大学生学习活动的助推器。在制度化的学校教育中，作为教书育人的教师，其特有的思维能力与教学方式给学习者学习带来极大的影响。而如今，随着信息化与教育融合的进一步加强，一些教师却似乎没有做好充分的迎接准备，于是在大学生学习过程中出现了教师指导不足的问题。具体而言，表现为以下两个方面：

一方面是教学观念的落后。学生的学习过程即教师单向传输知识符号的过程，学生成为知识的被动储蓄者。如同工厂的生产流水线，这种千篇

一律、一成不变的教学模式深深刻入部分教师的意识中，他们并不急于革新课堂，更不明白只有充分尊重学生的个性才能让课堂焕发生机与活力。一些教师对课堂改革抱有消极态度，不太愿意去改变自己长期以来的教学观念和教学方式。正如部分学生所说的那样：感觉大学老师上课跟高中一样，讲完就下课；期末就直接划重点，好好背一下都能及格；学不到东西，跟老师的交流极度缺乏。类似的回答还有一些，说明线性的教学模式仍被一部分教师采用。然而，身处当今数据浪潮之中，每个人都不能"倒行逆施"，教师只有不断地充实自身，从"权威者"变成"学习者"，才能真正担起教书育人的重大责任，最终建构网络化、数字化、个性化、终身化的教育体系。

另一方面是数据应用能力不足。时代在发展，数据也在不断更新，大学生作为最易接受新鲜事物的受众群体之一，可以称得上数据时代的"原住民"。他们似乎天生擅长利用数据技术，数据意识极其活跃。相比较而言，教师的数据应用能力就显得较弱。一些教师不太愿意主动去提升自己，逐渐丧失了与学生对话的优势。无法有效利用多媒体教学设备进行教学，欠缺利用数字化资源创设情境、设计活动辅助学生学习等问题接连出现。只有学生意识到所学知识与其自身存在某种关联时，学习才会产生价值。这就给了教师们一个明确的信号，需要其在教学中通过各种方式有意地为学生建立起知识与学生自身的联系，以促进其学习。很显然，教师数据应用能力的不足会阻碍这一目的的达成。

第四节 如何应对大数据时代给大学生学习带来的挑战

为使大数据能真正造福大学生，解决其学习中存在的诸多问题，本节旨在针对大数据时代大学生学习中存在的问题与原因，提出相应的应对方法。就源头而言，应从大学生自身入手，提升其数据素养；就数据环境方面看，应净化当前冗杂的数据环境，创设绿色的数据环境；从教师方面来说，应整改教师队伍，着力培养教师的数据思维；对校园环境而言，应加快校园数字化建设，建构智慧校园，积极应对大数据时代给大学生带来的挑战。如图 3-1 所示。

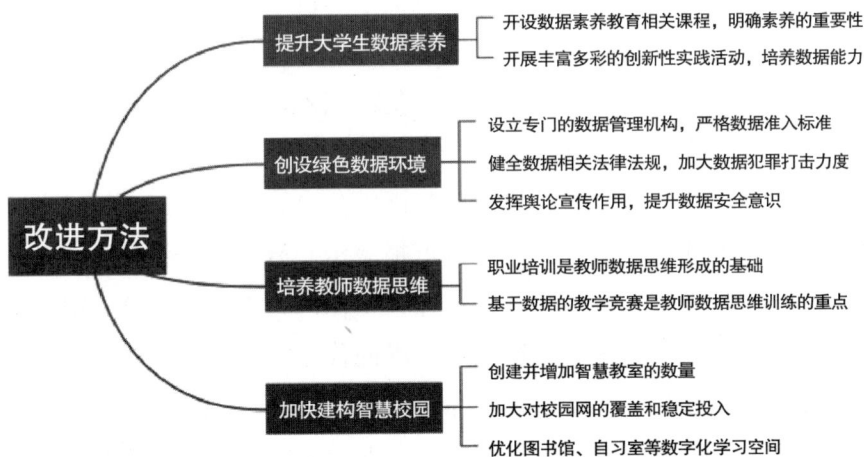

图 3-1 大数据时代给大学生学习带来挑战的改进方法

一、提升大学生数据素养

如今，我们身处"任何人都要借助于数据来说话"的年代。数据对于大学生而言，是其学习持续改进的动力之源。所谓的数据素养，是指在海量数据中能敏锐地定位数据，进而对其进行分析和解读，并在此基础上有效运用，从而达到超越数据自身诠释数据的水平。在大数据时代，大学生数据素养的提升与其学习力的提升具有高度的相关性，而学习力又是影响其学习方式变革的重要因素之一。由此，大学生数据素养的提升对其学习方式的变革有直接的意义。然而当今大学生数据素养现状令人担忧，若想改变这种现状，笔者认为可从以下两方面入手：

（一）开设数据素养教育相关课程，明确素养的重要性

只有先让大学生明白何为数据素养以及它对学习的重要性，才会引起大学生对数据素养的重视，才能有意识地在学习过程中去提升相关能力，不至于出现被动盲目地利用数据或者在学习过程中出现目标不明确的现象。所以，其一，高校在制定教学目标时，要以数据素养目标为导向，结合大学生自身的专业和实际情况设置。这样，课程才不会流于形式，大学生也能够真正做到学有所用，加深对数据素养的理解。其二，在教授此类课程过程中，教师可以有目的地针对学生的弱项进行训练。例如，对数据定位能力较弱的学生，教师可以考虑反复给其不同的学习材料加以引导；也可以安排适当的自主课堂，让大学生发现自身收集、分析或应用数据方面的不足，进而想办法改善并将经验与同学分享；又或者，规定相类似的主题，让学生通过查找相关资料进行汇报展示，教师给予点评，让大学生意识到自身的优势与不足。其三，在课程结课时，教师可以通过让大学生自己总结该课程思维导图并进行展示，以此代替书面试卷的形式完成对学习成果的评价。总之，开设课程并非为了"知识和认识符号的堆集"，让大学生形成数据聚焦意识、培养其数据应用能力才是教学的关键所在。

（二）开展丰富多彩的创新性实践活动，培养数据能力

课外活动作为教育教学的一大补充形式，其地位是非常重要的。随着"双创（'大众创业、万众创新'的简称）"之风席卷各大高等院校，学校在通过常规的课程对大学生进行教育的同时，也逐渐开始鼓励大学生参与各种创新性活动，并以此来提升大学生的综合实践能力。创新性活动一般是大学生自己组建团队，围绕某个主题，在教师的帮助下，通过收集、

分析和处理数据进而解决相关问题，最终内化知识、完成体系建构的过程。所以，在这个过程中，大学生能够通过相互帮助锻炼自身收集、整理与运用数据的能力。与此同时，教师无论是在硬件设施、专业问题或是数据处理上，都可以或多或少地给大学生提供专业性的建议。概括而言，创新性实践活动也是大学生提升数据素养的一种方式。

二、创设绿色数据环境

当前，大数据产业发展方兴未艾。而发展中的事物，往往包含着更加明显的矛盾对立面。所以，数据在给大学生带来诸多便利的同时，也呈现出欺骗和不规范等问题，各类数据安全事件频发，一定程度上对大学生学习方式的变革产生了极其不利的影响。因此，绿色的数据环境亟待被创设。所谓"绿色数据环境"，主要是指信息安全、健康与规范三位一体的数据环境。"绿色"代表可持续发展，象征着创新与人文价值。在数据环境被污染的当下，我们可以从以下几个方面入手来创设绿色数据环境：

（一）设立专门的数据管理机构，严格数据准入标准

根据全球最大的管理咨询和信息技术跨国公司埃哲森（Accenture）的数据公布，直至 2017 年，美国新增数据管理职位的数量占全世界的44％。在世界上影响较大的几个国家当中，除了中国，美国、英国、巴西、新加坡等国家的数据管理日趋成熟。可见，我国在数据管理方面的步伐与第一大发展中国家的地位是不相匹配的。也正是由于没有引起相关部门的重视，所以数据环境才会出现冗杂局面。因此，应设立专门的数据管理机构，工作人员通过定期组织交流，全面掌握数据情况，严格数据准入标准，从而消除一些对学习者不利的数据隐患。

（二）健全数据相关法律法规，加大数据犯罪打击力度

法律代表着国家在意识形态上的权威。建立健全大数据相关法律法规应该是我国接下来的战略重心之一。过去出现种种低俗的网络信息，就是

因为没有相对应的法律法规作为惩罚手段。一些违法犯罪分子抓住法律的空缺乘虚而入，使大学生误入歧途，接触很多消极内容。因此，国家必须出台相关法律法规，依法追究有关人员的法律责任，才能从源头上遏制不健康内容的传播，从而为大学生提供健康的数据环境。

（三）发挥舆论宣传作用，提升数据安全意识

以往各大媒体报道的涉及学生隐私安全的事件，一般是在校大学生遭受电话诈骗、网络诈骗等财产受损，甚至自杀。对于这样的消息，媒体更倾向于将大众的关注点聚焦到当事人身上，于是人们已经习惯了将该类事件当作茶余饭后的谈资。事实上，个别当事人的不幸并不应该成为报道的中心。作为舆论媒体，应该利用其强大的影响力和正能量来引导受众。也就是说，各大媒体真正需要做的工作应是联系一些数据专业人员，分析报道案件背后的原因，或是报道一些成功避免此类事件发生的案例，给广大学生传播正能量，让大学生们一方面知晓大数据网络存在着安全隐患，另一方面了解该如何应对。此外，学校也可以利用校园广播、微信、微博等影响力较大的平台加大数据安全宣传力度，此类平台的受众大多是大学生群体，与电视媒体相比，其在大学生中的影响更人、更广。

三、培养教师数据思维

处在大数据环境当中，教育教学无时无刻不被打上信息数据的烙印。高校教师是教育教学中的重要执行者，其地位无法取代。然而从目前的情况来看，高校教师并不能完全适应大数据给教育教学带来的诸多变化，教师的数据思维亟待培养。所谓数据思维，其实质是一种意识，即认为只要对数据进行适当处理就能为解决问题提供思路，该意识具有敏锐性、前瞻性、多样性和个性化等特点。由于思维方式对行为能产生直接影响，所以唯有教师养成数据思维才能更好地适应大数据时代下的教育教学，进而促进大学生学习方式的变革。

（一）职业培训是教师数据思维形成的重要方式

无论是新教师的职前培训，还是老教师的在职培训，其目的都是让教师对数据敏感，最终能为学生提供个性化学习服务。在西方发达国家，已经有教师基于大数据作出思维决策并成功用于教学的案例。研究人员通过追踪也发现，根据学生的学习需求修改教学设计，进行个性化的教学比传统的教学方式效果更好。到目前为止，我国在对教师的职业培训中鲜有数据运用等相关内容。因此，迫切需要培养教师的大数据视角和对数据的深刻理解。随着大数据时代的不断发展，在未来，数据定会成为大学生学习得心应手的工具，作为协助大学生学习的教师，更应该加强对数据的理解与运用。所以，应尽早加强教师职业培训中数据思维内容的相关培训，并以实践的方式向教师展示大数据技术，给教师们有针对性的示范，有效促进教师数据思维的进一步发展。

（二）基于数据的教学竞赛是教师数据思维的练兵场

教师数据思维的形成，绝不仅仅只是教师的个人责任，教师所处的整个教育系统应该大力支持。举办基于数据的教学竞赛，能调动高校、教师、社会相关组织等多方资源，合力训练教师的数据思维。具体做法如下：首先，可以让历次获奖的教师向新的参赛者进行经验传授，让其充分了解如何运用数据有效改进教学。其次，参赛者依据其自身对大数据的现有理解制定一个初步的教学规划，与学校其他教师一起讨论、完善。最后，用模拟课堂的形式进行实操训练。如此，不仅是教师个人的能力得到印证，同时学校和相关教育管理部门也得以融入，共同致力于形成基于大数据的教育生态系统建设。据报道，在经历 PISA（Programme for International Student Assessment，国际学生评估项目）测试之后，上海已经率先开始开展诸如此类的教学竞赛，并且收效甚好。在未来，教师不仅仅要会信息技术（Information Technology，IT），更要学会信息通信技术（Information and Communication Technology，ICT），用数据思维助力未来教育的整体转型，引导大学生学习方式的变革。

四、加快建构智慧校园

学校的产生标志着形式化和制度化教育的开始。建构智慧校园成为大数据时代下教育改革的重要组成部分，而智慧校园建设的核心意义就在于促进大学生学习方式的变革。所谓"智慧校园"，是指通过物联网大数据技术的全面环境感知功能，为学生提供个性化技术支持服务和无缝网络通信，从而建构起的有着能够促进大学生有效学习的开放教育环境和舒适生活环境的校园。如图 3-2 所示。

```
                        智慧校园
        ┌───────┬───────┬───────┬───────┐
     全面感知   网络互通   海量数据   自主环境   个性服务
```

图 3-2　智慧校园主要内容图

简言之，智慧校园的主要特征就是"以生为本，融合共创"。笔者根据调查所得数据以及大学生所提相关问题，认为建设智慧校园可以考虑采取以下措施：

（一）创建并增加智慧教室的数量

智慧教室作为智慧校园建设的缩影，一直以来都是大数据时代下学校发展进程中的重要环节。其一，学校可以先通过大数据、云计算等技术收集学生对授课教室环境的需求指标，如光照、室温、座位等。其二，将这些数据存入云端，通过大数据的进一步分析得出教室上课的时长、活动设置等。其三，通过中央自主调控模式，对收集到的数据进行匹配，从而实现"教室多用"的目的。如此一来，授课教师只需要按照事先设定好的程序进行操控，教室的环境就会根据授课需要以及学生的需求自动改变。当然，每间智慧教室一定要配有自动录制教学视频的功能，方便教师或学生进行回看复习。

（二）加大对校园网的覆盖和稳定投入

校园网络是创建智慧校园的有力工具之一。高校以往都是通过数据服务商来管理校园网络及其相关数据，学校对其掌控力较弱，所以导致数据泄露或是网络不稳定状况频发。鉴于此，学校可以考虑成立专门的网络管理中心，聘请相关专业人员在校园网的防火墙内部建立属于学校内部的数据管理系统。如此双层防护，有力保障了校园网的稳定，也有利于校园网信号的增强。关于校园网的覆盖面积问题，目前一些高校已经开始引入联通、移动和电信三大传统网络运营商，将其与校园网络相结合，形成四位一体的网络覆盖，较好地弥补了校园网覆盖面不足的问题。

（三）优化图书馆、自习室等数字化学习空间

在大学校园中，不少学生反映学校的数字化学习空间较为缺乏，特别是随着复习考试周的到来，图书馆与自习室人满为患，许多同学抱怨想学习都没有地方。空间的缺乏，打乱了他们的学习计划，有一部分学生直接放弃学习，还有一部分学生无奈之下选择了在干扰极大的寝室进行复习，于是"三天打鱼，两天晒网"成为他们的学习常态。在这样的情况之下，各高校必须着力升级其图书馆与自习室等学习空间的软硬件设施，为每一名大学生提供更多的学习空间并营造良好的学习氛围。一方面，高校可以在图书馆和自习室等公共学习空间安装签到系统，收集大学生详细的学习时间安排相关数据，在学习空间充分增设座位，并在复习高峰期间设置座位预约服务。同时，利用智能预警对那些未对学习资源和学习空间有效利用的大学生进行预警并给予适当的惩罚，如通过设置权限限制其使用。对那些习惯在寝室学习的大学生，学校可以利用大数据对其学习行为进行监测，并适当设置相关提醒服务，让那些自制力不高的大学生产生紧迫感，从而在一定程度上提高学习效率。另一方面，为增加学习时间及空间，学校可以考虑开设 24 小时学习室，为部分有需要的学生提供长时间开放学

习的公共服务场所。同样采取线上预约座位的办法，并对信用记录不良的学生进行惩罚。还可以利用大数据检测室温或声音分贝等，按照实际需求进行自动调节。

第四章　网络大数据对教学模式的影响

第一节　网络大数据对教学模式的影响

近年来，随着现代教学模式的不断发展与完善，如何有效利用大数据来满足高校师生在日常教学中的需求成为各大院校的工作重点。网络大数据的不断发展也推动了高校教育教学模式的不断更新，各大高校不断完善教学资源，更新教学模式，从而有效提高了教学质量。但是，现阶段高校教育教学对网络大数据的应用仍旧存在着一些不容忽视的问题。如：课件选用不当，视频资料与课堂内容的关联程度不高，以及一线教师无法熟练使用大数据资源等。因此，如何正确看待网络大数据对高校教育教学模式的影响，以及如何优化网络大数据在高校教育教学模式中的使用，是每所高校亟待解决的难题。

一、高校传统教学模式的缺陷

高校传统的教学模式主要有师生授受式的填鸭式教育模式、专题合作学习模式、探究与解决问题模式及独立学习模式等，其总体特点主要是单一性。即传统的教学模式虽然易于管理学生学习，但是会使得教学质量参差不齐，扼杀学生的创新精神，限制学生知识拓展的宽度，降低学生的学习兴趣，限制学生学习的自由空间。传统的教学模式有利有弊，高校教师要汲取传统教学模式中的优点，不断改进传统教学模式的缺陷，最终达到提升自己教学水平的目的。传统教学模式的缺陷主要表现在：

（一）教学模式的单一性

教学模式的单一性具体表现为以下几方面：第一，过多地强调教师的主导作用。教师在课堂上唱"独角戏"，忽视学生的主体性，以考试成绩作为评价标准，教学形式单一、刻板，教学资源不够丰富，缺乏与现实生活的联系。由于过分强调教学方法与手段的规范性，使得有限的教学时间大部分被消耗在"讲解、示范、练习、纠正、巩固"的烦琐程式上。第二，过分强调课堂结构。受传统习惯的影响，许多教师还过分强调课堂结构。在教学过程中仍然采用"开始、准备、正式教学、结束"四部分结构的传统模式，这种模式在形式和内容上过分突出正式教学部分的作用，而忽略了其他部分的作用。

（二）过分依赖教师的经验

在解决学习问题时，学生们会习惯依靠教师所教的知识，但是部分教师的经验并不是十足丰富的，他们受自己眼界所限，因此传授的知识并不一定是完全正确的。

（三）所用资料的质量不高

如所使用的教材、资料过多，无法一一核查，可能会出现信息陈旧、重复的情况。此外，过多地让学生进行理论知识学习，忽略实践教学，会逐渐减弱学生们的学习积极性和探究意识。

（四）教学模式按部就班

教学模式按部就班就会使学生在学习过程中的时间、空间受到限制。如在选课的时候，若是没有选上想要学习的课程，或是选课后发现授课老师讲得并不怎么好，而学生又必须按部就班地上课，这样学生上课的专注力已经集中不起来了，而这部分课程会占着学生的时间，结果是学生既在这堂课中没有收获，又不能利用这部分时间去干有意义的事，那这部分时间就会被白白浪费。

在传统的教学模式中存在着的这些问题对学生的学习效率、学习质量等都产生了较大的负面影响，如何改进教学方式，提高教学质量是高校亟须解决的问题。

二、网络大数据对教学模式的影响

近年来，网络大数据已经渗透到人们生活的方方面面，成为人们生活中不可或缺的工具。无论我们是主动使用网络大数据还是被动地接受它，其在人们生活的方方面面都切实地发挥着难以替代的作用。网络大数据成为高校教学模式改革的一个动力源，利用网络大数据来优化教学资源、推动传统课堂的改革、开创多元化的教学模式已经成为各大高校提升教学质量的重要途径。现如今，网络大数据在高校教育教学模式中的使用已经初见成效。

（一）改革传统课堂教学

信息技术的发展进步推动了大数据时代的到来。传统的教学模式是说教式，教学资源短缺，教师多以教案和板书为载体，将知识传授给学生。这样的课堂往往缺乏吸引学生注意力的教学元素和让学生与知识产生良性互动的机会。大数据给传统课堂带来了更多可能性，幻灯片、视频影像资料等元素被引入。一方面，幻灯片的使用有效节约了教师书写板书的时间，可以将所讲知识以更加系统和多元化的方式呈现在学生面前，吸引学生的注意力，便于学生的学习和理解，也更好地提高了高校学生的学习效率。另一方面，在传统课堂中加入视频影像等资料，以声音和影像的方式将知识传递给学生，增加了学生与知识之间的互动，这样的方式可以让学生对课堂内容感同身受，更好地记忆学习。

（二）开创多元化的教学模式

网络大数据的发展加强了各大高校之间的交流与学习，优秀的教学模式也在各个高校中被广泛传播并加以使用。如今的高校教学中，传统课堂教学已经不能满足当今教育改革的要求，实践教学、模拟教学、互动教学和创新教学等多种教学模式已经在各大高校的日常教学中被普遍应用。各大院校只有充分运用网络大数据带来的优势，才能深层次地开发和运用这些新的教学模式，在实践中探索进步。学生在这种多元化的教学模式下，可以很好地在学习过程中接触实务，了解学科真实现状。这使得知识的学习不再仅停留于书本，而是将理论与实践相结合，为学生日后走向社会、走向工作岗位奠定了基础。

此外，高校数字化校园建设的步伐逐渐加快，微课、慕课、翻转课堂等各种新型的、先进的教学模式随之出现，Edx（2012年4月由麻省理工和哈佛大学联合创建的大规模开放在线课堂平台）、Coursera（一个教育平台，提供在线课程）、MOOC（大规模在线开放课程的缩写）等在线教育平台蓬勃发展，学生获得知识的途径也不再仅仅局限于课堂教学了。如今，在线学习已经成为学生学习知识的重要途径。

对学生而言，这种新型的在线学习模式相较传统课堂教学模式，对学生的约束性没有那么强，能够为学生提供更加独立自主的学习空间。学生可以根据自己的实际情况来合理地安排学习的时间和地点，所学习的内容也不局限于学校内部的教学内容。而且，这种新型的教学模式不是单纯地要求学生观看冗长的教学视频录像，而往往是以片段式的短视频来进行，还需要学生根据视频教学内容完成配套的测试题，使学生能够加深对学习内容的理解。这种交互式的学习模式可以有效吸引学生的注意力，使学生不易产生疲劳感，进而有助于提高学习效率。

对教师而言，每位教师都可以在教学平台上发布自己的教学资料，学生可以从这些教学视频、文档、教案等资源中选择，甚至可以选择来自世界一流名校教师的资料。所以，只要学生想学，这些在线教育平台中的资料可以随便挑选，那么课讲得好的教师就自然受欢迎，这也会反过来促使教师提升教学水平。

（三）学校转变为交互发生对话的场所

互联网、大数据及现代信息技术的发展冲击着学校传统组织结构与管理体制，使得学校内部的组织结构向扁平化、网络化方向发展。互联网、大数据以其获取信息的成本低、信息处理计算快来提高管理和组织效率，促进了高校组织结构和管理体制的改变，也促使高校在教学活动中转变角色。

首先，高校成为教学服务的众多提供者之一，高校所提供的教学服务具有独特性，因此是不能被其他教学服务取代的。高校将与其他网络教育服务提供者、社会教育服务提供者一起，为学习者提供更多样性的服务。学校在这个过程中不仅是教育服务的提供者，更应承担起教学服务统筹管理、资源整合的重要任务。

其次，由于社会机构的参与、社会资源的投入，学习者的知识获取已不仅仅是高校的责任，一个更加开放、更加多样、更加丰富的大教育环境正在形成。高校作为这个大教育环境中的有机组成部分，更重要的作用是为师生、生生提供一个直接对话的场所。师生、生生间的对话是一种实现心灵交互的方式，任何技术都不能替代这种交流。

（四）技术将贯穿教学全过程

网络大数据及其他信息技术在教学中扮演着越来越重要的角色，教育技术多年来的发展已经深刻说明了这个问题。大数据时代到来之前，技术仅仅是教育内容呈现的载体，技术的使用就是提供多样化的呈现方式，但是如今，大数据技术已经成为高校教学不可缺少的基础支撑，基于大数据技术建设的智慧学习环境已经成为教与学发生的主要场所，大数据技术在教育教学中承担着越来越重要的责任。

首先，技术的发展改变了教学组织结构，为教学系统的模块化构建提供了契机，使网络大数据背景下高校定制化教学成为可能。其次，技术能够取代教与学中的机械劳动，将师生们从高度重复、烦琐的劳动中解放出来，使师生们能够从事更具创造性的活动。第三，技术已经成为教学决策过程的重要组成部分。传统的教学决策过程，由教师根据自己的教学经验与教学智慧做出。然而，现在这个过程已经转变成为基于数据的过程。技术所能掌握和提供的连续的、覆盖全过程的数据信息和及时、全面、精准的数据分析都将是未来教育决策的重要依据。技术本身是冰冷的，不带感情色彩的，但是将技术应用于教学，追求的却是对学习者的"关怀"。

（五）教师由"教书"向"育人"转变

传统教育一直重视教师，教学活动也是以教师为主导，教师长期处于教学活动的统治地位，但是未来教育发展对学生个体差异性的关注，对教师角色和教师能力提出了新的要求。

首先，教师由"教书人"向"教育者"转变。在传统教育中，教师的主要任务是将知识传授给学生，因此，教师仅仅就是"教书人"的角色。但是在定制化教学中，教师必须关注学生的个性差异，对每名学生的能力有全面清晰的把握，并针对学生个性进行教学模式和教学方式的探索，成为一名真正的"教育者"。

其次，教师要成为创造者。创新不仅是对学生提出的要求，也是对教师提出的要求。信息时代，学生能接触到的知识和信息的量并不比教师少，那么教师的优势在于经验以及对知识的把握，这是学生所缺乏的。教师通过拆解、重组、建构知识，实现对知识的应用与创造，帮助学生更好地学习，这是新时代教师应该具备的能力。

最后，网络大数据背景下的高校定制化教学需要教师成为学生的"向导"。教师的职责是发现每一名学生的个性，为学生提供自我发展的路径，为学生的自由发展提供服务，为学生的决策提供指导，帮助学生去发现、组织、管理知识。

（六）学生成为教学真正的决策者

在网络大数据背景下的高校定制化教学中，学生具有对教学过程的掌控权利，学生将成为教学活动的决策者，定制化教学将真正实现以学生为本。学生根据系统平台及教师指导实现对自己的全面了解，这也是高校定制化教学开展的基础，学生已经不仅仅是教学对象，更是一切教学活动的起点与中心。

在知识呈现爆炸式增长的时代，学习知识固然重要，但是建构知识体系更显重要。学生不能够再被动地接受现成的学习内容，而迫切需要转变学习方式，通过广泛地分享交流、反思学习，寻找适合自己的学习内容，建构新的、完全适合自己的知识框架与结构；学生还需要拥有区分知识的重要程度及筛选适合知识、材料的能力。高校定制化教学将提供更多的机会让学生参与到学校和教学的组织管理中，学校和教学的各项事务都应该充分尊重学生，鼓励学生自我管理，学生将成为具有主体意识、责任意识、大局意识的适应时代发展的人。

三、网络大数据背景下高校教学模式面临的问题

尽管网络大数据对高校的教育教学模式起到了正面积极的影响，且教学模式的改革取得了一定成绩。但不可否认，高校将大数据融入教学模式的工作依然任重而道远。大数据在作用于教学模式时产生的问题有以下几方面。

（一）传统课堂与大数据融合不畅

在各大高校日常教学工作中，传统课堂教学模式因其悠久的历史，具有无法撼动的地位。在高校教师队伍中，很大一部分教师因是在传统课堂教学模式下成长的，对网络大数据背景催生的各种新型教学模式比较陌生和排斥。这就会导致他们在实际教学中很难发挥大数据的优势，幻灯片和视频资料等大数据带来的课堂教学资源在课堂教学的过程中被匆匆带过，无法与原有的课堂内容无缝衔接，且也容易引发课堂教学内容混乱等问题。此外，如何将网络大数据带来的新型教学资源与传统课堂中的教材、板书等教学资源有效整合也是高校教师需要解决的一大问题。大数据背景下教学资源更新速度加快，资源收集渠道广泛，从中收集的数据资料难免与传统课堂所传授的知识内容相冲突。这一现实加大了一线教师的工作难度，

对一线教师的知识储备和知识更新提出了更高的要求。在这样的大数据背景下，如何令大数据和传统课堂实现有序融合成为各大高校教学改革工作的重点。

（二）多元化的教学模式仍处于探索阶段

近年来，网络大数据不断推动社会的发展，使得社会对于应用型、双创型等新型人才的需求不断增加。为适应社会对新型人才的需求，多元化的教学模式在大数据背景下应运而生。尽管各大院校在实践工作中不断进行有益探索与交流，但是在开创多元化的教学模式中依然面临着各种各样的问题。面临的第一大问题就是如何协调传统课堂与多元化课堂之间的关系。从目前的教学模式来看，不同于传统课堂倾向于教授理论知识，多元化课堂更加注重提高学生的实践能力和创造能力。因此，如何做才能平衡理论教学和实践教学之间的关系，让理论与实践相结合，显得尤为重要。此外，多元化课堂的形式直接影响到学生学习的兴趣和效率，针对不同学科设定适合的课堂内容和形式也是各大高校需要完善的工作。

（三）缺少相应的教学资源优化机制

教学资源是保证高校教学质量的重要元素，大数据对高校教学资源的更新有着重大影响。传统教学模式下，教学资源更新往往是周期性的，更新的周期以学术期刊的发表和国家法律法规的修订等为依据，因此，更新周期长，但质量高。而大数据时代，数据资源量巨大，更新频率高，但质量良莠不齐，这就对高校教育教学如何甄别数据提出了更高的要求。目前，各大高校鲜有专门的教学资源大数据收集分析人员，这对高校教学资源的更新与优化非常不利。

（四）缺少学生大数据收集系统

在大数据时代，学生不仅是大数据的使用者，也是大数据的采集对象。收集与学生相关的大数据，了解学生的学习气氛，更有助于高校建构具有针对性的教学模式。就目前各大高校的情况来看，学生大数据收集系统还不够普及，很多高校并没有建立，这在一定程度上限制了大数据在高校的使用。如图4-1所示为某校校园统一数据资源大数据平台总体架构。

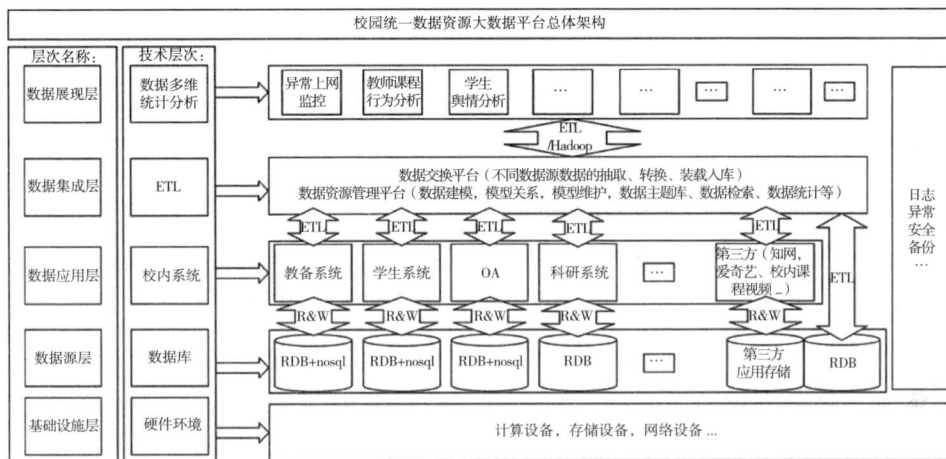

图4-1　某校校园统一数据资源大数据平台总体架构

第二节　网络大数据背景下高校教学模式优化策略

一、促进高校多元化教学模式建设发展

针对高校多元化教学模式的建设发展，首先，各大高校应加强与其他同类院校的密切交流合作，详细整理本校与其他同类院校在多元化教学模式建设中总结出来的经验，并且适当从大数据库中搜索国内外高校在多元化教学方面的成功与失败案例。结合本校的特点对多元化教学内容进行评估，合理平衡理论教学与实践教学之间的关系，并不断地加以改进融合，从而形成更具代表性与先进性的多元化教学模式体系，为多元化教学模式的创新发展增添新活力。

其次，各大高校要积极响应国家与社会的需求，并根据最新的学科发展方向，充分应用大数据技术对高校的多元化教学模式进行改革。为了满足国家和社会对应用型和双创型等新型人才的需求，高校应根据不同类型人才培养模式的要求有针对性地创造多元化的教学模式。例如，为培养应用型人才，高校可以在教学模式改革中尝试将学科实践领域的专家吸纳进教师队伍，力求打造"双师型（指'双证'教师或'双职称'教师，即'教师＋中级以上技术职务或职业资格'）"教师队伍。在教学活动中，专家所拥有的实践经验对学生学习学科的实践应用具有重大意义。在大数据背景下，大量与学科实践相关的模拟教学软件被推向市场，学校可以从中择优选用，理论与实践模拟的双重结合对应用型人才的培养大有裨益。

此外，企业与高校展开合作，一方面可以为学生提供大量实习机会，另一方面也可以降低人力成本，引进优秀的应用型人才。高校可以选择优秀企业，与之建立长期的合作关系，开拓实践教学基地。此项措施既可以为学生提供更加优质的实践机会，又可以为社会培养应用型人才。

以上是高校在大数据背景下多元化教学模式中的机遇。多元化的教学模式确保了高校所培养的人才符合社会需要，大数据为多元化教学模式的建设提供强有力的保障。

二、加强传统课堂与网络大数据的融合

针对目前一些教师在授课时难以将大数据教学资源与传统课堂融合的问题，高校可以采取如下措施：

首先，高校可以在大数据库中广泛搜寻将大数据新型教学资源与传统课堂内容有效融合的课程案例，将这些优秀的课程案例提供给教师以供学习和参考，从而优化大数据新型教学资源在传统课堂的使用，提高教师的教学技能。

其次，各大高校还可以在本校范围内组建相关课程改革小组，针对各学科特点与大数据新型教学资源的特点，修订教学内容，将大数据等新型教学资源的优势充分融入传统课堂。还要对各学科教师的教学大纲与教案内容进行修订，以此推动传统课堂与大数据新型教学资源的有效融合。

最后，高校应着手建立培养教师应用大数据课程体系，可定期聘请专

家和优秀教师以讲座或培训课等方式与本校教师交流经验，加强本校教师对大数据与传统课堂的理解，做好学科知识的更新储备，更好地将大数据与传统课堂融合。

三、建立高校教学资源优化机制

高校教学资源的更新模式应顺应大数据时代的时代特点。首先，大数据在传输、处理数据时具有高速的特点，这就要求各大院校对一些与学科相关的专业网站、官方网站和学术论坛等数据资源进行关注与实时监控，将其发布的信息及时更新到本校的教学资源中，供有需要的学生与教师使用。

其次，大数据的另一特点是价值密度较低。这就要求收集数据的系统和人员必须具有一定的专业性，能够分辨和验证数据的质量，保证所收集的数据真实可靠。高校可以设置专门的岗位进行大数据收集，从而保证教学资源的更新频率与质量，切实提高教师与学生对数据的使用率与学习效率，这对高校改良教学模式具有重大的意义。

四、建立学生大数据收集分析系统

高校将大数据用于实际教学时，为了保证更好、更有针对性地建构教学模式，需要广泛收集本校学生学习、生活的数据。

首先，高校可以在图书馆和电子教室的公用电脑植入数据信息收集系统。当学生在使用这些电脑查阅教学资源、完成学习任务的时候，系统就会自动将学生的操作数据和学习习惯记录下来。这对改善学校教学资源配置、优化教学资源内容等具有重要意义。

其次，高校可以在本校的一些日常生活设施上配置大数据收集系统。例如，通过学生宿舍的门禁系统来收集学生日常外出时间与返回就寝时间的数据，从而更好地掌握学生的作息习惯。这样学校就可以在安排教学任务的同时考虑并融入学生生活习惯的元素，制定出更加合理且人性化的教学方案。

此外，高校在大量收集本校学生的学习、生活数据并加以分析的同时，还应考虑到大数据的特点。本校范围内收集的数据只是大数据的一部分，所以在进行数据分析时应将分析范围扩大到整个大数据库。将本校收集的数据与大数据库中的同类数据进行比对和分析，取其精华，得出一些有利于本校完善教学质量的方式方法，再将其应用到实际教学模式中。这样可以避免因数据量不足带来的数据分析偏差等问题。在此条件下调整的教学模式会更符合学生的学习习惯，有助于帮助高校教学模式科学发展，提高教学质量。

综上所述，高校的教学模式随着大数据时代的来临不得不改变。了解和使用大数据，及时应对大数据对教学模式带来的冲击成为高校不可忽视的问题。妥善利用大数据的特点，根据大数据的特点更新现有教学模式，解决大数据在实际使用中产生的问题成为高校日后工作的重点。高校应在大数据背景下，优化教学模式，输送更多符合国家和社会所需的优秀人才。

第三节　网络大数据背景下的高校教学模式与应用案例分析

一、网络大数据背景下的新型高校教学模式

教育的发展离不开大数据的支持。最近几年，许多在线教育机构纷纷涌现，"互联网+"教学模式的出现受到了广泛的关注。在各大高校，微课、慕课和翻转课堂是师生们热衷谈论的话题。大数据时代教学模式的改革，有利于学生拓展课外知识，从而将学习过程中的困惑通过实践验证，构建较为客观的知识体系，这也有助于资源共享的实现和教育的均衡发展。

（一）微课

微课是围绕课程中某一知识点或有关课堂学习活动设计的一种可在线学习的微型视频课程。微课之所以广受好评，是因为它将一个完整的课程

分解成若干小节，使得学习目标清晰可见，且内容简短，易于学生记忆消化。微课类似于对知识点的答疑解惑，有助于学生迅速理解和吸收知识，提高学习的专注度。这样能够增强学生对课堂的参与感，极大地激发了学生的学习积极性和学习兴趣。

从微课应用的维度上分析，其主要功能有两种，一是协助学科教学，二是实现学生自主学习的目的。即微课既可以作为课堂教学的辅助，也可作为课外学习的途径。

协助学科教学。在课堂教学过程中，微课可以扮演多种角色，如课程的引入，重点、难点、疑点的讲解等。微课在这个过程中起到辅助主课程的作用。

实现学生自主学习。学生获取知识的手段不再只局限于教师课上的讲授，微课为学生增加了学习的途径。学生可以根据自己的时间，安排自己想要学习的知识点，可以随时、随地、反复地观看学习，建立自己的知识架构。

微课的实施主要依赖于数字化学习平台。数字化学习平台的优势是对教学资源实现全面、快速呈现，学生可以对教学资源进行随时随地的利用。数字学习平台弥补了传统文件管理方面的不足，即传统的文件管理方法需要用户在下载后才可以查看。如下三种数字化学习平台可以避免之前的弊端。

点播类数字化学习平台，如"佛山数码学习港""微课程天下平台"。这类平台虽然可以弥补之前的不足，但同时也存在其他问题，如学生只能就课程进行学习，但是不能就课程进行反馈和交流。

交互类数字化学习平台，如"中国微课网"和"网易公开课"。这类平台的课程需要经过严格的内容审核，可以进行交流，但交互方式较为单一。

（二）慕课

随着互联网、云计算、大数据技术的发展，当前教育发展也逐渐显露出全球化、信息化的时代特色，"慕课"应运而生。

  慕课（Massive Open Online Courses，MOOC）即大规模、开放性的在线课程。"大规模"是指注册人数多、课程资源多；"开放性"是指在学习资源和空间上是开放的；"在线课程"是指教师授课和学生学习、双方间的交流（师生、生生）、作业完成及批改等皆在线完成。由于慕课的以上功能，我们可以说慕课建立了一个大型的交流论坛，供师生们进行学术上的交流。

  慕课最显著区别于其他的网络授课模式之处在于慕课的教学步骤是由自主在线学习、在线练习、课程讨论、课程评价等构成。

  自主在线学习。慕课的教学质量极优的原因是慕课中的课程资源极佳，涵盖了各种学科的优质内容，且课程内容综合了各学科各方面的知识，具备了精炼、典型的特征，突出了教学重点、难点和疑点。

  在线练习。即课后的作业，这里的课后习题是开放的、选择型的、综合的和创作型的。在线练习能训练学生的学习能力，学生是从练习，到分享练习，到纠正练习，再到点评练习，在整个过程中学生相当于将知识进行了反复的回顾，有助于学生建构自己的知识体系。

  课程讨论。课程讨论是慕课的一大特色。这种方式是对传统授课方式中学生被动式听课的颠覆，是将课堂的主要角色由教师转移到学生，有利于调动学生学习的积极性，增强其自信心，主动地学习。

  课程评价。由于在网络中，学生使用慕课的学习过程会被全程记录下来，教师可以通过技术对学生的学习数据进行分析，及时了解学生所达到的知识水平，进一步调整和安排相关课程设置；深入分析学生的错题，有针对性地予以纠正，直到学生透彻理解；分析和判断学生的思考能力，及时反馈给学生，帮助学生发现自己与其他学生之间的差距。这些是传统的授课模式无法做到的。课程评价后，教师可以为学生制订相应的学习计划，提升学生的学习成效。

  慕课（MOOC）学院、中国大学 MOOC、Coursera 都是"慕课"。此平台的特点是可以提供不同的课程。中国大学 MOOC 与 Coursera 如图 4-2、4-3 所示。

图 4-2　中国大学 MOOC 官网首页

图 4-3　Coursera 官网首页

（三）翻转课堂

网络大数据时代使翻转课堂教学模式成为可能，其数据分析技术与挖掘技术为学习者提供了基于大数据的个性化服务。该种教学模式能激发学生的好奇心，实现高效学习。

2011 年，英特尔全球教育总监对翻转课堂的描述是：教育者将知识的授予过程放在课堂外，而将课堂内的时间留给学生进行知识消化，留给学生自己学习和相互交流的时间变多，让学生自主探寻知识的奥秘。

翻转课堂在实践中一般由教师将知识点先制作成微视频，让学生提前观看，这样课堂上知识点讲解的时间就会变少，课堂上学生可以和教师充分讨论那些自己不清楚的知识点，老师可以有针对性地答疑解惑。

翻转课堂起源于科罗拉多州林地公园高中，美国"可汗学院"的兴起与发展使其为世界所关注。翻转课堂突出的特点是强调学生按照自己的节奏进行学习，这种方式注重"学"而不是"教"。翻转课堂打破了传统的教学模式，让学生们从学校规章制度的束缚中解脱出来，撕掉了学生的"好学生""差生"等标签，将被动学习彻底地变成了自愿学习、自由学习。墙洞实验的构想产生于1985年，研究者苏伽特·米特拉在自家的电脑上找不到文件，最后在他4岁儿子的帮助下才找到。通过这件事，苏伽特·米特拉得出结论，如何让孩子用电脑学习？可以让孩子在无人协助的情况下自己玩电脑。之后苏伽特·米特拉在负责的"公共空间智能终端机"项目开发中，将之前的结论进行了检验。他再次得出的结论是如果孩子有兴趣，那么教育自然就产生了。墙洞实验充分利用了学生的好奇心以及学生的自学能力，极大地减少了教育成本的投入，颠覆了以往的教学方法，创造了教育公平。翻转课堂强调的是教师不要直接教，而是让学生自由学习，真正的学习是学生的自主学习，这也是它与传统教学方法的最大区别。如图 4-4 是传统课堂与翻转课堂的教学结构变化示意图。

传统课堂: 先教后练

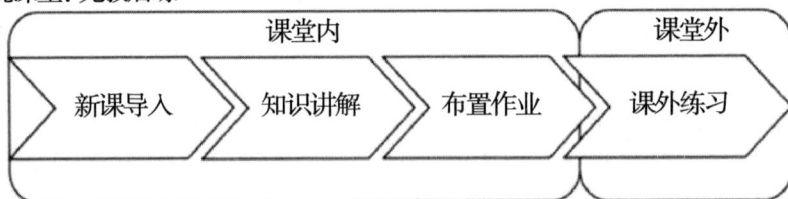

翻转课堂: 先学后练

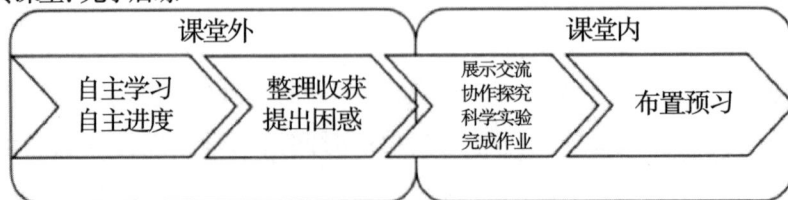

图 4-4 传统课堂与翻转课堂的教学结构变化示意图

翻转课堂的教学过程是学生课前观看视频讲解，完成知识学习，课上师生交流，完成知识内化，一切以学生为核心。教师将自己的大部分时间和精力用在了视频制作和引导学生解决问题上，有助于教师自身能力的提升，有助于培养学生自主学习能力。这种教学模式也有利于因材施教的实现。一项调查研究表明，翻转课堂的教学模式提高了教师的职业满意度，提高了学生的成绩，并且改善了学生的学习态度。翻转课堂的教学模式如图 4-5 所示。

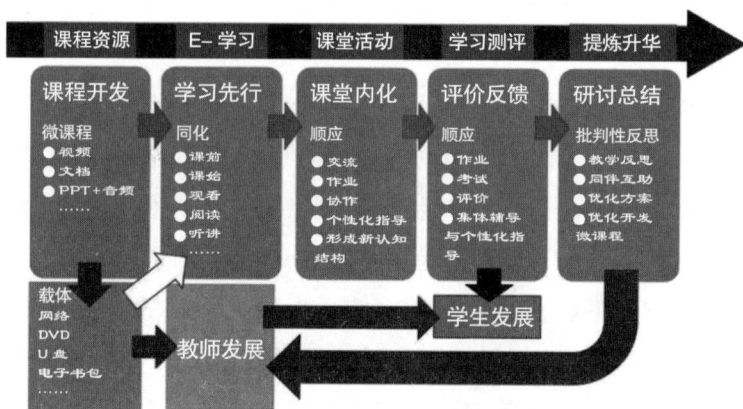

图 4-5　翻转课堂的教学模式

二、慕课（MOOC）在高校教学应用中的典型案例

（一）慕课在思想政治教育课程中的教学案例

"思想道德修养与法律基础"是高校一年级学生必修的公共基础课，是大学生形成正确价值观的理论课程，通过引进慕课（MOOC）教学模式，改变传统的教学方法，有助于推动高校思想政治教育新型课程建设的进程。

1.将慕课（MOOC）教学模式应用到理想信念教育过程中，使大学生树立坚定的信念以及崇高的理想。如在《追求远大理想 坚定崇高信念》教学过程中，教师可以在课前制作一个小视频，保证视频的生动性和趣味性，将理想信念教育作为视频的主题。教师通过一些伟人思想的介绍向学生展示树立理想的重要作用，有效地培养大学生的奉献精神与社会责任感，增强其服务人民的意识，帮助学生树立既要实现社会价值、又要实现人生理想的目标。教师应当采用常态化以及终身化的方法进行理想教育，大学生的理想是通过生活实践体现出来的，采用有效的理想教育能够为大学生的人生起到引导作用。教师在让学生观看完整个视频以后应当对学生提出下面的问题：我们从这些伟人的理想中可以学习到什么？我们树立的理想应该是怎样的？如何正确处理社会理想与个人理想之间的关系？在教学过程中教师可以让学生对这些问题进行充分的讨论，同时奖励那些表现比较积极的学生。

2. 将慕课（MOOC）教学模式应用到爱国主义教育中，使大学生对祖国产生深厚的感情。如在《继承爱国传统 弘扬中国精神》教学过程中，应当以爱国主义为主题进行视频制作，可以将一些典型人物的爱国事迹融入视频中，学生通过榜样的力量能够充分感受到爱国主义教育的巨大能量。在教学过程中应用事物普遍性观点，使学生明白国家的富强和个人的生活有着非常紧密的联系。这样学生就能够充分认识到个人和国家之间的关系，就会将国家的命运放在首要地位。在充分熟悉这些关系的基础上，学生就能够燃起爱国热情，对于自己的国家有更加深厚的感情。在完成视频播放以后，教师可以给学生设置这些问题：为什么有些人放弃了国外优厚的条件选择回国为祖国做出贡献？怎样在日常学习和生活中体现出自身的爱国精神？教师首先应当使学生了解微课学习的重要作用，然后让学生进行讨论。最后，教师对学生讨论的结果进行总结。

3. 将慕课（MOOC）教学模式应用到法制教育过程中，使大学生具备比较好的法律意识。如在《领会法律精神 理解法律体系》学习过程中，可以充分地应用慕课（MOOC）教学模式，课前教师以法制教育为主题制作相应的小视频，形象化法律知识，以学生的实际生活为起点来进行知识的传授。教师在教学过程中通过引导，使学生熟悉我国宪法以及法律的核心内容，还可以采用一些具体的案例进行相应的法制教育。如可以利用一些未成年人犯罪以及学者犯罪的案例来对大学生的思想进行引导，使大学生以一种法律思维来思考社会问题，学会应用法律知识来维护自身权益。学生在观看整个视频以后，教师可以设计相关的问题：以上的犯罪案例中哪些行为违反了法律？违反了哪些法律？可以组织学生在课堂上对这些问题进行讨论，并将讨论的结果记录下来，由教师对所有的讨论结果进行评价。在这个过程中，学生能够熟悉我国很多基本法律，增强法律意识，并在以后的学习和生活中学会依法行事。

4.将慕课（MOOC）教学模式应用到择业以及创业教育过程中，使大学生树立正确的创业观、择业观。如在《遵守行为规范 锤炼高尚品格》教学过程中，可以充分应用慕课（MOOC）教学模式对学生正确的创业观、择业观进行培养。教师以创业、择业为主题制作一个小视频，视频中应当包含一些典型的创业以及择业案例：例如，马云的创业史、俞敏洪的创业史以及中国其他的创业榜样等。学生在了解这些案例以后就会更加珍惜时间，明白大学时期对于自身发展有非常重要的作用，很多系统性的文化知识是在大学时期学习得到的。案例应当使学生明白大学是人生的黄金时间段，应当通过不断地学习提升自身的综合素质；另外，在进行创业或者择业的过程中应当充分地了解社会需求，通过社会需求与个人需求的有效融合来选择最为合适的职位和工作，这样就能够保证个人的人生目标与社会的发展目标结合起来。学生在观看视频以后就可以回答老师所设计的相应问题：这些成功人士的经验对于你有什么样的参考作用？我们应当以什么为原则来选择工作？如何采取有效的方法进行创业？在这种教学模式下学生就能够树立比较正确的创业观和择业观。

（二）案例评价

慕课（MOOC）教学模式发展速度如此惊人，在我国未来的高校教育教学领域，必将是一股强大的引领力量。慕课（MOOC）发展的关键并非取代传统教育，而是如何与传统教育互相融合，发挥更有效的作用。我国未来的高校教学模式必将是在线教育与传统教育相辅相成，共同发展。但目前慕课（MOOC）在国内的发展仍处于一个萌芽阶段，各方面都还不成熟，这需要教育工作者的共同努力。同时，我们还要积极学习并借鉴其他国家的成功经验，不断完善慕课（MOOC）教学模式，积极推进高校教育教学模式的改革。

二、翻转课堂在高校教学应用中的典型案例

（一）国内高校翻转课堂教学案例

1. 南京大学"学习小组形式"的翻转课堂

南京大学以电路原理课程为试点的翻转课堂教学试验，主要目的是帮助学生克服对学习电路原理的畏惧心理，充分利用慕课（MOOC）中的优秀教学资源和翻转课堂的教学技术，对课堂教学进行重新设计，力求克服传统课堂教学中的不足。利用线上和线下相结合的学习方式，加大师生、生生交流协作的频率，给予每一位学生更多的关注，帮助学生学习好有关电路的知识。

该试验的教学对象为大一新生。新生入学前，安排学生在专门的慕课（MOOC）网站上学习"大学数学基础"这门学科的预习课程，为正式入学学习做好知识储备。根据生源比例、男女比例等因素选取试验人数，确定试验班级，并由学生自由组合分成 8 个学习小组。课前安排学生观看教学视频、提出思考问题，课堂上小组协作解决问题，课堂后按组对教学内容进行总结和提炼。

整个教学过程采取理论教学和实践教学相结合、自主学习和研究性学习相结合、网络学习和课堂面授相结合的教学方式。在教学评价环节，通过网络学习平台为学生建立多元化的动态评价体系。通过这些改变，教学试验取得显著成果：学生的学习积极性得到大幅提高，研究性学习方法被学生熟练掌握，学生团队协作能力、口语表达能力等得到明显提升。

2. 陕西学前师范学院翻转课堂教学实验

为了进一步验证翻转课堂教学模式在高校教学中应用的有效性，陕西学前师范学院的潘炳超老师进行了翻转课堂教学模式和传统课堂教学模式

的对比实验，在小学教育专业选取三个教学班，分别设置为控制组、实验1组、实验2组。所选的三个教学班学生人数、学习能力、学习基础等方面基本相同，不存在较大差异。教学环境为网络教室，通过网络版广播教学软件实现师生间的交互。研究者对教学内容、教学时长等无关变量进行了有效控制。研究者在考虑课程特点之后，将课程内容划分为知识和技能模块，再将知识和技能模块分解为若干个知识点或技能点。每次教学任务规定完成5~8个知识点或技能点。

　　控制组实施传统的教学模式，课堂上以教师教授为主，学生通过听课、模仿、练习来掌握知识和技能。实验1组和实验2组分别采用不同形式的翻转课堂教学模式。实验1组采用课前学生观看教学视频自学、课上教师统一解决问题形式的翻转课堂模式；实验2组采用课前学生观看教学视频自学、课上完成小组协作、教师指导形式的翻转课堂模式。通过实验对比发现，实验组在调动学生的学习积极性、激发和维持学习动机、培养学生自主学习能力和合作能力等方面与控制组相比具有较大的优势。实验2组的许多学生表示，翻转课堂教学模式使得课堂气氛活跃，并且能提升他们的学习兴趣和热情，通过自主探究和小组协作的学习方式掌握所学知识使他们更加有成就感。但一些学生发表了相反的看法。如一些学生对翻转课堂教学活动组织的认可度较低，还有一部分学生对独自学习视频内容任务感到力不从心，另一些学生表示教师在课堂中的指导只集中在少数学生身上。参加实验的教师表示，翻转课堂教学模式通过教学视频能够让他们不必在不同班级重复讲授相同内容，在课堂中有充分的时间去组织不同形式的教学活动。同时也有部分教师表示，翻转课堂教学模式中的教学活动设计和教学组织给自己教学工作带来极大的挑战和压力。通过对比教学实验，研究者还发现在概念原理类知识的教学效果上，单纯观看教学视频的学习方式明显不如传统课堂教授能够有效提升学生的学习成绩。

（二）国外高校翻转课堂教学案例

1. 美国南加州大学的翻转课堂实验

美国南加州大学为了激发本校学生的学习兴趣、调动学生的学习积极性，充分利用在线教学的便捷性和高效性，为学生创设更好的学习环境，学校从本校的工程、社会科学、人文三类学科中各选择一个班级开展翻转课堂实验调查。实验调查的目的是探索有关翻转课堂设计的具体原则，为以后翻转课堂的进一步推广和实施提供有实际操作意义和指导意义的建议、对策。

工程学科的学生通过问题解决式学习和自由学习活动两种方式学习与能量守恒有关的知识。课堂外，学生们自主观看 YouTube（2005 年由陈士骏等人创立的一个视频网站）上的教学视频进行自主学习，观看后通过一个小测试对学生们的学习效果进行检查。课堂上，教师提出与课前观看视频内容相关的问题，然后进行小组讨论和小组自评。社会科学学科的学生通过项目式学习方法，学习如何建构和提炼一个可进行测验的研究性问题、如何通过和同伴协作研究解决这一问题。通过观看教学视频，课堂中的小组活动（包括呈现和交流小组得出的结果、分享小组成果、评价小组成员等）环节进行知识的掌握和能力的提升。人文学科的学生进行完全自我指导式的翻转课堂学习，基于三种不同学习任务将学生分成有三种不同观点的小组，在课堂中进行一系列的没有教师指导、完全由学生自我指导的课堂学习活动。教师要求学生们借助视频工具记录课堂中讨论的问题和对讨论问题进行总结，教师以此来检查学生们的学习进度和状况。

实验后，通过调查发现：在不同形式的翻转课堂教学下，学生们对课堂现状的满意度较高，学生普遍反映翻转课堂能够激发他们学习的热情、提升同学之间学习的交互性和凝聚力，锻炼他们的高阶思维能力，但同时有一些学生表示这种学习方式会给他们带来更大的学习压力，因为课前提前自主学习会花费他们比平时更长的时间。

2. 美国斯坦福大学计算机专业翻转课堂教学模式

美国斯坦福大学计算机系有接近四分之一的课程采用翻转课堂教学模式。以"数据库原理"这门课程为例，学生在翻转课堂教学模式下需要在每周上课前提前看完这周的视频教学内容。绝大部分学生很难观看一次就掌握视频中所有的知识点，有些内容需要观看两到三次才可以完全掌握。

教师在网上设置有相应的练习题，看完视频后学生需要在上课前独立完成，帮助学生进一步巩固所学知识及检查学生自学的状况。值得注意的是，这些习题的难度并不大，大部分题目是围绕基本知识点设置的，学生每周完成作业的时间通常在五个小时左右。课堂主要进行专家讲解、难点讨论、学期项目讲解三种形式的活动。专家讲解主要是由教授请来行业专家，让行业专家与学生们分享大企业是如何利用数据库技术的。难点讨论环节主要是由教授提出比课前网上自主练习更加有难度的问题，让同学们自主讨论。助教和教授除了组织学生参与讨论和对学生们进行指导外，有时也会加入学生们的讨论，帮助学生们拓展思路。第一个解决问题的小组会得到教师的奖励。第三种课堂活动方式是学期项目讲解，让学生们动手完成和一个数据库相关的课程项目——这个项目和学生们的实际生活紧密相关。

大部分学生在完成一学期的课程后表达了对该课程教学模式的喜爱，他们表示虽然翻转课堂的教学模式确实给他们带来了不小的学习强度，但是他们的收获要比传统的授课方式多得多。在课堂上学生们能带着浓厚的兴趣和实际生活中对知识的需要去听课，改变了过去消极被动的学习状态。

（三）案例评价

通过以上教学案例，可以看出无论国内还是国外，翻转课堂在高校教学的运用中都没有形成统一的、成熟的教学模式或教学流程。不同的学科、不同的教师在教学中运用时，都会根据自己所教学科的特点、学生的特点、教师自身的特点等对翻转课堂加以改造，形成不同形式的翻转课堂教学形式。总体上看，不同形式的翻转课堂教学都是利用教学视频灵活的优势，将课堂中传统的教学程序"翻转"，课前学生学习新知，课中小组协作、探究活动、教师指导解决疑难、应用内化知识，在这一过程中逐步恢复学生在课堂教学中、在课下学习中的主体地位。

通过国内外高校翻转课堂教学案例，可以从中发现一些共同之处：首先，教师们更加强调微视频、网络教学平台等信息化教学手段的作用。其次，教师们更加注重师生间、生生间的互动交流，在互动协作中锻炼学生的组织协调能力、团队协作能力、口语表达能力等。最后，教师更加注重教学与学生实际生活的联系。课堂经过"翻转"，课堂教学时间被大大节省，利用这些时间，教师能组织学生进行更多的实践活动，使得课堂教学不再只是传达课本知识，而是能够与学生生活和实践紧密联系，提升知识的趣味性。

第五章　网络大数据对教材与课程开发的影响

当前，教育改革处于一个易发生阻碍的关键期，而网络大数据将是一个推动教材、课程改革的巨大驱动力。大数据技术推动教材、课程改革已经不是理念问题，而是必须付诸行动的现实需求。如何实现教材和课程管理最优化？如何进行学生在不同认知基础上的学习效能评价？如何使教师基于学生的不同需求，提供其个性化发展路径的指导建议？这些问题的解决都需要大数据技术的支持。

第一节　大数据时代的教材改革

高校作为培养高水平人才的阵地，是人才输出的重要窗口。在竞争日益激烈的社会上，企业的持续竞争力需要人才，而人才的培养需要高质量的教材。高校的教材作为提高教学质量的关键，是高校教学内容的体现，是整个教学过程的基础。高校教材如何适应时代发展，满足当代学生的需求，是教材编写人员亟须解决的问题；同时，丰富教材内容和提高教材深度也已成为高校出版工作人员的目标追求。教材的重构与改革，有利于实现教学资源共享的可持续化，且可以促进各大高校之间的交流和合作。本节笔者现结合时代特征和教材出版现状，深思网络大数据时代对高校教材改革的影响。与此同时，提出与之相关的意见。

一、当代高校使用教材的现状

近年来，在相关教育政策的指导之下，高校每年招生人数在不断上升，同时也暴露出其中存在的致命问题，即教学质量参差不齐。而影响教学质量的最大因素之一就是教学所用的教材。教材中的缺憾体现在以下几个方面：

（一）高校教学领域的创新有待提高

我国高校教育起步较晚，高校教材更新速度也较为缓慢，创新度不够。教材编写水平难以达到世界顶流，部分教材内容滞后，与学生工作后所需的技能存在脱节，致使部分学生产生"学习课本对今后工作没有什么作用"的想法，逐步丧失了学习的积极性。就近几年来看，高校的学生毕业生是增加了不少，但是否可以成功就业成为高校毕业生面临的难题。

（二）高校教材缺乏个性化

我国的教育改革强调高校教育应以学生作为主体，不仅教授学生基本的专业理论知识，还要将社会生活实践搬到课堂上来，提升学生的综合能力和创新能力。但是在具体实施教学时却阻碍重重，其中一条就是受到传统教学思想的影响，高校教材内容的设置缺乏个性化，且教师无法根据教材内容因材施教，从而致使学生的创新思维发展较慢，严重影响教学质量。

二、网络大数据时代对高校教材出版工作的启示

（一）利用大数据分析市场发展情况，丰富教材内容

网络大数据催生了一个个新兴行业，然而高校教材对这部分新知识的更新速度较慢，致使学生关于这部分知识较为模糊，甚至欠缺。因此，及时将当代知识和技术引入教材中、丰富教材的内容已成为高校教材发展的必然趋势，这对学生创新思维的培养具有促进作用。

（二）利用网络大数据进行教材管理

将网络大数据技术运用于高校教材出版管理，有助于高校教材管理的精细化，使师生们可以快速、准确地对信息进行收集、分析、分类和整理，从而提高教学和学习效率。

三、大数据时代改变高校教材出版工作的意见

高校教材出版并没有跟上大数据时代潮流，仍留存不少问题，如教材质量有待提升、大数据特点没有融入教材中等。具体而言，笔者认为教材改革可以从以下几个方面进行：

（一）融合网络大数据特点，规范教材出版流程

建立规范化的教材出版流程，且将网络大数据技术运用其中，使教材的出版更加严谨、科学。如在教材出版的前期工作中，可以利用网络大数据技术搜集一些新的教学案例并加入教材中，使教材不仅仅是知识的聚集，还有与实际生活的联系。同时在知识的衔接上也要做到有理可依、有据可循。教材的内容可以广泛借鉴，甚至是国外的一些优秀教材。高质量的教材有助于高校学生对全面知识的掌握、综合能力的提升，同时也有利于学校毕业生就业率的提高。

（二）甄选人才，组织人才培训

专业知识的学习是一个需要不断探索的过程，做学问要有活到老、学到老的精神。高校教材也需要专业教师不断去研究、探索、创新。虽然高校有许多专业教师，但是在编写高校教材这项工作中，参与较多的老师是那些教学经验丰富的老教授。这些老教授往往对现代网络数据不了解，无法胜任教材的改革创新编排。这时就需要对其进行专业培训，让教授们熟悉并掌握现在所盛行的技术、所频繁使用的知识以及网络数据化思维方式，使其努力跟上时代发展的步伐。建立一个与时俱进、懂得当下社会需要什么样的高校教材的出版团队，对于学生、教师、学校来说是十分重要的。

（三）融入网络大数据内容，丰富教材内容

将大数据内容引入教材编写工作当中，将教材放入网络中，顺应了时代发展趋势，不仅能够丰富教材内容，有利于各大高校之间的学术交流，也为学生们提供了二次学习或是依兴趣进行网络学习的机会，即学生可以通过线上和线下的方式有针对性地学习，提升自己各方面的能力。

第二节　大数据时代的课程改革

一、当代高校课程的现状

当代各所高校设置的课程基本上是统一的，这就会引发一些问题，如：并没有依据学生的特点进行相应的课程安排；学生会跟随学校统一的课程进行学习，这就存在学生的个人目标与学校所奉行的目标是否一致的疑问；学生在学习完课程后，对知识的掌握程度如何、是否适应这样的课程、是否对课程存在疑问等，缺乏一个反馈的过程和渠道。由此可见，高校课程的改革是必要的。

二、大数据时代高校课程体系建设

为适应我国教育改革发展的新情况、新特点、新要求，根据教育部工作的整体部署，中国教育科学研究院在全国共建立了 20 个教育综合改革实验区，并与各个实验区通力合作，共同提炼区域教育改革经验，探索区域教育发展的新模式。

（一）高校课程体系建设的意义

1.落实立德树人根本任务

大数据时代课程体系建设是顺应国家课程改革潮流、落实立德树人根

本任务、全面推进数字教育的重大改革。党的十八大以来，把立德树人作为教育根本任务。课程是育人的关键，若要转变育人模式，须得先进行课程体系的变革。高校课程体系建设是贯彻立德树人根本任务、培养学生核心素养的重要路径。

2. 以培养学生核心素养为统领

2016年，教育部正式发布的《中国学生发展核心素养》中提到的核心素养不仅仅是对课程的新的价值观，它还形成了课程目标。文件的正式发布，成为新一轮基础教育改革的开端。一是将核心素养作为课程体系改革的依据。按照中国学生核心素养目标要求和国际化趋势，通过整改课程体系实现培养学生核心素养的目标。认为制定一个以培养学生素养为中心、教学内容和教学质量同行的课程标准，有助于明确学生在各个阶段的学习内容，从而较为准确地达到课程要求；对评估内容和手段进一步深化，引导教师能够切实把握教学的深度和广度，使得考试评价更加准确反映新时期对人才培养的要求。二是以网络大数据为背景创新教学内容、方式方法。紧密结合当下技术，提高教学效率，例如通过开展教学过程分析提出极具针对性的教学建议，从而推动技术和教学之间的深度融合。三是加强现代信息技术条件下学生学习规律和学习能力的深化研究，着力优化学生的学习方式。

3. 以大数据直接服务课程体系建设

学校课程体系建设是指在确保三级课程（国家课程、地方课程和校本课程）管理体制、国家课程设置、学生发展目标的前提下，对正在执行的国家课程、地方课程实行恰当调整，构建一个具有时代精神的、全面的、体现多维度、多层次、可供自主选择的学习课程，推动教学育人机制的蜕变，扩大学校育人、教师教授和学生学习的自主权，引导学生自主决定取舍、自主学习、自主发展，实现学生全面且有个性的发展。

大数据服务的课程体系应用了以网络通信为基点的现代信息技术，在现代信息技术与课程、教学整合的视野中，要从多方面探究，构建出一种以师生交互为核心的课程体系。近些年，中国教育科学研究院在教育综合改革实验区进行了基于大数据技术的课程体系建设的实证研究，为一线学校的课程体系建设提供了高水平的科研服务和智力支持。在构建课程体系过程中，不仅要充分发挥在传统教学中所积累的宝贵经验，而且要不断将现代新兴技术应用到教育教学中，例如将大数据技术、云平台、微课等应用到当下的教育教学中，使得课程体系逐渐趋向创新化、高效化。

利用大数据技术来优化教学过程，可以增加学生学习的趣味性，从而调动学生的积极性，激发学生想要积极参与的欲望。学生学习兴趣的发生、发展阶段一般分为三部分，即有趣、乐趣和志趣。教师培养、提升学生学习兴趣的最直接的方法就是改革传统的课堂教学模式，实现教学手段现代化。这样有助于创设信息情境，开阔学生视野，使每个学生真正感受到学习的乐趣；有助于创设生活情境，使教学贴近生活，让学生们从一个单调无味的学习环境中解脱出来；有助于创建问题情境，使学生从分享中享受不同思维活动的趣味；有助于准确把握学生的学习状况，从而实现针对性教学；有助于淡化作业的功利性取向，以作业激发学生的学习热情，提高学生综合素质。

（二）定制化课程体系建设

网络大数据背景下的定制化课程体系建设是在定制化教学系统构建的基础上进行的优化，即在学习者进行专业选择、课程选择，并在教学系统平台完成了资源整合的基础上，针对某一具体课程内容而制定具体操作方案。

网络大数据背景下高校定制化课程体系是针对某一课程内容设计的，课程设计过程中要考虑教学活动的整个过程，同时还要匹配前期的学习者个体模型，对照学习者的专业选择、课程选择等。课程体系的主要内容包括内容的标识、资源的选择、课程目标与学习目标的设置、学习轨迹的记录以及学习者反思等部分。

1. 标识设计

网络大数据背景下的高校定制化课程体系是以学习者个体的差异性为

基础来进行课程设计的，因此，该课程的设计方案仅针对具体的教学对象及具体学习内容。为了标识课程，需要对课程进行编号，以便于记录和反映方案修改迭代的过程，保留学习者的学习过程，为后续课程评价的开展提供可供数据分析的信息。

学习者模型是学习者个体差异的标识，后续课程的设计均以学习者模型为基础，以适应学习者的知识结构、能力结构、个性倾向、思维特征等。在大数据技术、学习分析技术、物联网技术等现代信息技术及网络技术支撑的教学平台上，学生可以建立自己的个体模型，任课教师也可以为每名学生建立学习档案，实时记录每名学生的学习行为以及学习进度。利用大数据分析技术，对每名学生的学习档案进行定量与定性的分析研究，从中了解学生的学习习惯、认知风格、学习框架等，有利于推进学生的个性化学习，甚至可以为学生推送不同的学习任务或者进行针对学生特征的个性化学习辅导。此举将有利于提高学生的学习效果，同时，对后续课程的教学有一定的指导意义。

课程方案的标识能够反映该方案所对应的学生、专业、课程，能够支撑后续教学设计，包括课程目标的确定、课程内容的确定、课程教学方法的选择、课程资源的选择以及课程评价等，以便更好地开展高校教学管理。

2.课程体系设计目标

课程体系设计目标是指课程实施的宗旨和期望达到的效果，是一切课程的动机和最后抵达的终点，因此，网络大数据背景下的高校定制化课程应以教学目标为起点。

由于定制化教学中的决策者为学生，因此，为了保证教学质量，教学目标的设置尤为重要。教学目标与课程内容一同储存在资源库中，对同一课程内容来说，教学目标是相对固定的。但是定制化课程中教学目标应该是结合人才培养要求与学生群体平均水平制定的，代表的应该是所有学生的平均水平，并不以教学目标来要求学生的最终成果。

学习目标的设计主体是学生，学生依据系统平台对自身的数据分析、评估结果，结合对自身能力和认知水平的认识，为自己制定学习目标。学习目标才是学生在课程学习过程中要努力达到的标准，也是教师在教学过程中应该尤为关注的部分。

因为教学目标旨在说明学生群体的平均水平，因此，学生在制定学习目标的过程中，教师应指导其制定不低于教学目标的学习目标，这样才能给学生留下提升空间，实现学生的个体发展。

3.课程内容

课程内容是课程体系设计的核心，整个课程体系的设计都围绕课程内容开展，而课程内容是学生依据前期在资源库中选择的专业或课程，根据自己当前的学习水平、学习进度自主选择的，是基于学生个体差异性开展的课程内容。

同时，课程内容具有课程内容标识，用来标识课程内容所属的学科或课程，便于更加系统地开展教学活动与教学计划。课程内容标识还包括当前教学内容的前驱知识与后继知识，为学生提供学习内容的整体架构，有利于学生对课程内容的掌握。

同时，课程内容在资源库中已经生成了对应的教学难点与教学重点，但是由于学生发展水平的差异性，同样的教学点对于有些学生来说是教学难点，但是对于另一些学生来说，可能就是很简单的知识。因此，教学重点与教学难点可随时进行调整与设置，使课程内容的设置更加灵活，更加符合学生当前的能力。

4.课程评价

课程评价是教学必不可少的环节。首先，课程评价能够检验教学目标的实现程度；其次，课程评价能够给学生以反馈，提高学生后续学习的效果，同时能够给教师以反馈，帮助教师更好地掌握学生学习进度，促进后续教学更好开展；最后，课程评价有利于学校掌握学生整体情况，进行面向全体学生的教学调整。

网络大数据背景下的高校定制化课程评价是基于教育大数据的评价，利用大数据相关技术，更加全面、系统、科学地收集数据，深入挖掘数据背后潜藏的信息，发现教学过程中的本质问题，以期能够作出客观全面的学习评价。

　　网络大数据背景下的高校定制化课程评价突破传统的以知识掌握为主的评价标准与评价体系，将学生的实用能力的提升、创新能力的发展、个性的塑造、思维的发展等纳入评价体系中，构建适合互联网时代学习者全面发展的评价标准。评价结果是为了促进学生对自己的反思，重新审视自己选择的教学模块，不断修改自己的定制化课程体系方案，使得定制化课程真正为自身的全面提升发展服务。

第三节　网络大数据对教材与课程开发影响实际案例分析

一、教材开发的实际案例分析

（一）教材开发分析，以高校优质教材为例

1.结合当下环境的高校优质教材特征分析

　　现代高校教育教学随新兴技术出现而发生着重大改革，国家教育部门针对当前环境出台了一系列的教育政策。在加快本科教育水平的文件中明确提到：要促进教育高水平发展，必须将学生放在核心位置上，进一步推动混合教学模式；要加紧教材研发，必须对教材进行创新。在普通高等学校教材管理办法中指出要将现代技术与教育教学进行深度融合，从而形成新形态教材。在当下环境中，优质的教材都需要具备以下的特征。

　　（1）以学生发展为中心，体现教学性要求

　　"以学生发展为中心"已经逐渐成为现代教育教学中教育工作者的共识。在 20 世纪 80 年代的美国就已经将以学生为中心的思想作为本科教学

的核心思想，它的重点在于打破传统模式下的以教材、教师、教室为中心的范式，推进应用以学生发展、学习效果为中心的范式。以学生为中心的教学思想改革改善了美国的本科教育质量，使得美国的高等教育成为世界许多国家学习的榜样。目前，我国教育部门所提出的重塑教育形态，其主旨思想与美国的"打破传统的教学思想，将学生转变为教学过程中的主要角色"思想一致。教学主要角色发生了变化，学生所使用的教材也要进行相应的变化，以支持以学生发展为中心的思想，促进高校教育教学改革发展。

教材的主要目的是用于学科教学，使用主体为教师和学生，所以它和学术专著存在很大的不同。以往的教材使用效率不高的原因可能是之前的教材更偏重学术性，而对教学性重视不够，例如教材内容更接近于学科知识论述，具体来说，在该类教材中对学习目标、习题思考等教学元素没有具体说明。一本优质的教材会让教师、学生都觉得特别好用，这就需要使教材中的以学生为中心的思想体现得较为稳妥，并且罗列出较为全面的教学元素，例如学习目标、学习重难点、思考题、必要的教材章节结构图等。这样，一方面让教师在教学后更加清晰应达到的教学目标，对教学过程中所涉及的重难点更加一目了然；另一方面便于学生的预习，对自己不懂、不会的重难点知识进行梳理、记录，之后进行重点听课。新环境中，教师的教学成为判断一本教材编写是否成功的关键，也就是将学术性的学科知识转变为适合教师和学生使用的指导性教材文本。国外的优质教材在教学方面都是十分用心的，这类教材所涵盖的教学元素是非常丰富的，例如学习目标、知识点列表、重难点指示、思考题、必要的教材章节结构图以及拓展学习资源等，这是其受到大家欢迎的重要原因。

（2）以结构内容为核心，体现科学性要求

高校的任务是培养具有集体责任感、创新精神和执行能力的人才，这样的人才必须具有正确的价值观，并且掌握系统的知识和技能。教材是学科内容的载体，其中蕴含着教育价值导向，是学校教学不可或缺的要素之一。教材的编写须以学科结构内容为主旨，体现科学性的同时，也要充分体现结构的完整性、逻辑清晰性，内容紧跟时代发展，并且详略得当，实现理论与实践结合，融入正确的价值导向。

第一，优质教材在结构上要有系统性、逻辑性。"范式"理论认为范式代表着"一个由共同信念、价值、技术等构成的集体"，之所以将教科书视为范式的载体，是因为其有着知识传递的作用。科学革命需要发散性思维，但发散性思维必须先有收敛性思维，收敛性思维是一种常规的研究规范。因此，教材应该具有收敛性，为学生提供一个认同度高、完整性高的结构体系和学术规范。将角度放大，教材结构最先或是最明显的体现之处是教材的章节目录，章节结构是教材首要的编写逻辑。教材章节的重要性就像是房屋的基底和横梁，一旦章节构建完毕，房屋的基本框架结构也就形成了。将角度缩小，教材结构还体现在另一方面，即教师教授学科的知识点体系，学科众多的知识点围绕章节形成一个逻辑清晰的知识体系。教材的章节结构最能反映编者的观点，而当版本升级后，教材章节结构就会发生相应的调整，这时编者的观点会发生一定的变化。

第二，优质教材具有丰富、先进的内容。教材在目录和知识点体系明确之后，会对学科内容进行阐述。在对内容进行论述的过程中，文字表达不仅要简练准确，深入浅出，而且要详略得当，重难点突出。优质教材要对文字内容进行多次修改，直到形成统一文字语言风格，并且在此过程中编者的写作风格会逐渐显露出来，进而形成属于编者自己独特的话语体系。为提高教材的可读性，教材需要适当加入生动的配图，例如交互式动画、音视频资源等，这会使得教材内容更加丰富，更具吸引力和表现力。另外，为紧跟时代前沿，需要对教材进行创新，以适应创新人才培养需要，即吸收先进科研成果、技术，剔除过时的知识，并加入学科的发展方向。这也就是说，高校的教材内容需要根据学科内容、当前学科的发展进行相应的调整，从而达到以先进的内容和活跃的思维来激发学生学习兴趣的目的。

第三，优质教材具有理论性、实践性的同时，也要融入正确的价值导向。高校的教材必须具有一定的理论性，这样培养出的人才才能有一定理论水平，才有发展潜力。

当然，一本只有理论的教材难免枯燥乏味，容易造成学生学习困难，让学生失去学习兴趣。因此，优质教材需要将理论与实践紧密地结合在一起，在实践中学生可以深刻理解教材背后所藏的理论知识。目前，不少高校教材中有案例导入的教学模式，该模式既引发学生学习该章节内容的欲望，又增加学生对理论知识的深度理解，并且学生可以带着问题来学习章节内容，进而使其对各章节内容的掌握更加牢固，这种教学模式充分体现了理论联系实践的要求。在教材实现了理论和实践相结合后，教材的内容也要融入正确的价值导向，符合国家的教育方针政策，为思想政治教育助力同行。即通过高校教材的使用，师生们不仅能够从教材中了解、掌握到学科知识点，还可以树立正确的世界观、人生观、价值观。

（3）以媒体融合为亮点，体现多形态特征

以往人们印象中的教材都是纸质课本，可以看得见、摸得着。在信息技术不断发展的进程中，智能媒体逐渐代替了"纸质"媒体，教材的形态也在不断创新。2014年，我国出台了传统与新兴媒体协调发展的相关政策，其中明确提出了要以先进技术为支撑、内容为基础，推动二者的深度融合。在这种背景下，高校教材进入了发展与转型之路，在最初的纸质教材的基础上不断融入数字资源，纸质教材与数字资源深度融合，如现今的电子课本，教材的表现形式越来越多样化，并且其教学功能越来越强大。

在媒体融合的背景下，教材开发要以学生的视角着手，并将结构内容作为重点，根据学习目标构建教材体系。编写者或创作团队在编写教材时，要了解先进的技术手段、并掌握得十分透彻，例如多媒体表现方式、交互式学习工具、线上线下的学习媒介等。其中，多媒体表现方式是指教材内容在包含了文字、图片外，还要加入更为形象直观的音频、演示动画等。交互式学习工具是指通过利用互联网技术手段来开发交互式动画、虚拟仿真系统、题库测验系统、智能问答系统等。线上线下的学习媒介是指网络和面对面教学方式所使用到的教学工具，例如电子教材、台式电脑、移动智能终端、纸质教材等。未来高校所使用的教材应该在传统教材的基础上加入丰富多彩的多媒体数字资源，并且有效开发利用交互式动画、虚拟仿真、题库测试或智能问答系统等，凭借媒介终端，从而实现文本内容、多媒体数字资源和交互式学习工具的有机结合。

将来的教材形态一定是数字媒体相互融合且具有多种交互功能的，可以通过媒介终端访问。目前已有不少纸质教材以二维码的形式嵌入了数字资源，学习者可以通过扫码访问相应的网络教学资源。线上形态教材是融合了多种媒体、交互功能等特点而存在的在线课程网站。如国外某线性代数教材，它采用的是通过网络出版来展现具有系统性、完整性的文本内容和交互式动画的一种线上形态。

2. 开发建设策略

根据新环境下高校优质教材所具备的特征，笔者从教材管理者的角度，为研发适应新形势要求的优秀教材提出以下策略建议。

（1）呈体系化研发，加强教学性

教材追根溯源是为教学服务的，教材开发本就包括在课程建设中。教材既是学科教学的依据，也是学科教学的成果，课程建设与教材改革是相互促进、融合发展的。高等教材具有较强的创新性要求，许多优秀大学的教材大部分是由编写者自身的教学经验、科研成果转化而来的。高校教材开发应当体现教材的体系化，把以学生发展为中心的主旨思想考虑在内，体现教学性要求。

教材一体化的研发首先需要的是优秀的教师主动策划教材编写，将自己多年积累的课程讲义、教学案例、测试题等教学材料添加到教材当中。因为大学教材需要创新性研究，所以教师的学术专著也可以教学化，成为教材建设的重要基础。其次是要提高编写过程中的学生中心意识，要求教材编写者结合自身的教学经验，从多角度思考如何在教材中添加实践案例、思考题等教学性元素，便于学生更好地掌握并运用教材中的理论知识。

每本教材都应具有整体化的知识体系，方便学生进行阅读学习和批注。在线课程可以实时更新教学内容，拓展丰富的学习资源，还可以使学生随时随地学习。通过在线课程还可以及时收集学生对授课的反馈，这将对优化教材提供很多参考。

（2）严选编写人员和落实编审要求，提升科学性

结构内容是教材核心价值的体现，它为学习者提供了一个系统完整、逻辑清晰、表述准确、紧跟时代、理论和实践结合、融入正确价值导向的知识体系。目前，高校教材数量庞大，质量却普遍偏低，一些精品教材难

以进入课堂。这种现象会对学生的学习与发展造成不良影响，最终影响到高等教育质量。针对此类情况，教材编写、遴选审核就成为当前环境下教材建设的重要环节。高校教材建设需要将结构内容作为重中之重，提高教材的科学性。

为保证教材结构内容的质量，必须做到以下几点：第一，严格遴选教材编写人员。教材需要接受师生们共同的检阅，教材编写是一项极其神圣的工作。高校教师一般不会将编写教材纳入自己的工作计划中，在编写教材过程中需要投入大量的精力，教师会倍感压力。新环境下，高校要研发创新教材，就必须设立教材编写人员遴选机制，将教材质量从源头处进行把关。第二，严格落实教材审核工作。一本好的教材需要经过多次修改才能将作者的编写精华提炼出来。教材的审核需要十分严格，经过多重审核、校对才能定稿出版，因此，要将教材审核工作落到实处，在教材审核过程中，编写者与审核人员需要进行反复的深度交流，审核人员最好由权威人士担任，这样其提出的修改意见才会更有价值，最后形成的教材的质量才会更高。另外，出版社同样需要设立审核教材的机制，以此来选出高质量的教材。

（3）推进数字化、在线化课程建设，呈现多形态的混合模式的教材

新环境下，高校课程教学的形式逐渐呈现出线上线下相互融合式的发展趋势，混合教学模式成为主流。教材作为课程的载体，为了适应当下信息技术发展的环境，需要将纸质教材、多媒体、交互式教学工具等进行高度融合，高效运用线上线下混合的教学方式。

首先，高校教材编写部门从已决定要发展数字化的出版社中吸收资质较高的编写人员或编写团队，组建数字化教材出版团队。以前，出版社只出版传统纸质教材，在新环境下，其也正在努力探索新的发展方向。大学出版社可通过与互联网公司合作，将教材出版与数字化建设深度融合支撑未来出版物。例如，高等教育出版社已经搭建了数字化课程云平台，并积极研发课程教材一体化，形成了独具特色的新形态教材以及数字化教材模式。高校要与此类出版社合作，开发出线上线下相融合的数字化新形态教材。

其次，要推动在线课程建设，需搭建网络教学平台，为数字化教材开

发做好充足准备。在实际应用中，教师可以将线上教学成果引入数字化教材当中。不少出版社已经发现这一途径，开始与在线课程教师进行合作，将在线课程资源经过整理、加工成数字化教材出版。针对新领域的课程，可以先建立相关的在线课程，在教学过程中积累经验，再进入纸质教材编写，从而最终实现教材线上线下多形态呈现。

目前，国家对教材研发工作越来越重视。2019年，教育部印发《普通高等学校教材管理办法》，对高校教材研发和选用管理提出了全面的系统化要求。现在及将来，高校教材研发的主要任务是提高质量，质量既包括学术质量也包括思想教育要求，从而为培养合格建设者和可靠接班人提供保障。高校教材研发工作者，要满足新环境对教材的特征要求，并针对这些要求，探索新途径，开发一流教材，为培养一流人才服务。

（二）教材开发分析，以立体化教材为例

融媒体是信息技术时代发展的必然产物，它标志着时代的变革和创新。在此新时代，传统媒体与新兴媒体高度融合，最终将实现资源、内容、利益的共享。基于该背景，教材开发就需要充分考虑各具体学科的实际特点，充分挖掘教材内容，借助融媒体技术，让理论知识形象化，实现教育资源的最优整合，满足学生的学习需求。

1.融媒体时代高校教材立体化开发的必要性和体现

（1）融媒体时代高校教材立体化开发的必要性

首先，教材立体化开发以现代科学新技术以及新教育理念为依据，最终实现教学内容的整合优化。教学内容将通过案例分析、图片、视频以及情景课堂等多种形式进行系统化的展示，使教材内容、重难点等更易把握，从而实现教学内容的整合、教材质量的优化和学生学习兴趣的有效提升。其次，传统教材资源因受到各种限制，教材内容无法实时更新，而教材立体化开发可通过利用互联网等新技术更新最新研究成果和知识内容。同时，教材立体化更关注学生的主体地位，教学以学生为中心，通过增强师生之间、生生之间的互动性，有效提高了教学资源的实用性，这就完全区别于传统单调的灌输式教学。最后，高校教材立体化开发有利于提高学生学习

的主观能动性和兴趣。教材立体化开发以学生感兴趣的内容为切入点，以在线教育、论坛等多种新型教学方式为学生提供多样化的教学服务，学生的学习主动性明显提升。教材开发更应该关注学生的个性差异，满足学生的差异化、个性化需求。

（2）融媒体时代高校教材立体化开发的体现

融媒体时代，高校教材立体化开发融合了电子产品、在线课程等多种教学方式，其立体化建设主要体现为四个方面。第一，教材内容的立体化。当代大学生追求趣味性与个性化的教学内容，不同学生的知识水平也存在一定差距，传统"一刀切"的教学方式不利于学生潜力的挖掘以及素质的综合发展。而教材的立体化开发，使各高校可以立足教学内容的差异和学生能力的差别因材施教，为不同类型的学生提供不同的教材内容，比如大学英语教材，应提高教学内容的针对性，不同专业的学生应该学习不同类型的英语，为工程类专业的学生设计工程技术方面的英语教材，金融类专业的学生则可以学习商务英语等。第二，媒介形式的立体化，即基于不同课程的需要，充分利用现有技术，以各种媒介的交叉使用实现教学效果的增强。比如，工程类教材多使用模型或者动画，而会计类教材则可以多用案例分析、视频等，这也有利于激发学生学习的兴趣。第三，学习方式的立体化，即学生的学习不再单纯局限于课堂，而是通过多种方式深入学习。如课前可以通过视频或者电子教案等进行预习；课堂上通过教师教学进一步加深理解；课后则可以通过在线互动与教师交流，解决学习中遇到的问题。学习方式的立体化使学生能够随时随地学习。第四，功能层次的立体化。我国高校的类型比较多，不同类型高校的人才培养侧重点和学生层次水平也有所区别，高校教材的立体化开发可以依据教学培养目标以及学生的水平选择不同程度的教材。

2.高校教材立体化开发过程中的问题

我国教材立体化开发仍处于初级阶段，随着各项技术的完善和广泛应用，教材立体化开发取得了很大进步，但也存在一些问题。

（1）教材立体化认知方面存在误区

目前，人们对教材立体化的认知还比较片面。很多人认为只要有网络形式的教材和纸质教材就是教材立体化。但只将纸质教材机械地转化为电子形式，教学内容和建设层次并没有以立体化的形式展开，这势必会影响立体化教材开发的效果。实际上，教材立体化的外在表现形式存在多样性，我们应该关注的是其本质内容，即功能的层次性以及内容的立体化。

（2）教学设计在教材立体化中的体现不足

当前，教材立体化开发大多只是具备了表现方式的多样性，内在的内容并没有体现出教学设计的思想。其一，教材立体化开发时几乎不考虑需求，在整体规划方面存在缺陷，而且不同组成部分之间的关系不明确；其二，教材立体化开发之后并没有提供完备的后续服务，缺乏反馈机制；其三，立体化教材的编制不协调，存在由同一媒介不同团队或个人完成、不同媒介由不同团队或个人完成等情况，导致内容不相对、风格不匹配等问题，严重影响学生的使用效果。

（3）立体化教材的评价标准不够科学规范

目前，我国还没有具体的立体化教材的评价标准，一般只对纸质教材进行评价，科学规范的立体化教材评价标准的缺失导致教材审查不严格，致使一些不合格的教材流入市场，学生使用过程中造成诸多问题。

（4）教材立体化建设队伍年轻化

优秀的教师开发队伍是教材立体化开发的质量保障，但是从目前来看，大部分高校教师迫于现实压力，更多关注的是科研成果以及职称评定等问题，对教材立体化开发的关注比较少。一些有经验的教师会把教材编写任务转嫁给年轻教师，而年轻教师既没有相应的教材编写经验，又缺乏统编教材的清晰逻辑，甚至可能出现为完成任务而拼凑内容的现象，这就严重影响了教材立体化开发的质量，不利于学生的学习。

3. 融媒体时代高校教材立体化开发的策略

（1）正确认识教材立体化开发

正确认识教材立体化开发，一方面，要避免教材立体化开发走入误区。

在进行立体化开发时要从内容、媒介、功能层次等多个方面展开，确保知识的系统性与知识的循序性相结合，实现教材立体化开发的一体化、多样化。另一方面，教材立体化开发是为了整合教学资源，产生良好的教学效果，因此，除了要对已有教学资源进行有效整合外，还应融入学校教学目标和最新实践案例。此外，还应关注学生主观能动性的发挥，注重与学生的互动，激发学生学习兴趣，提高学生学习效率。

（2）坚持设计思想的一体化

首先，要注重教育思想的一体化。对开发过程进行科学系统的规划和设计，明确各个部分之间的关系，避免理论知识的重复或者遗漏。其次，要建立反馈机制。鼓励学生积极发表自己的意见和看法，为后续教材立体化开发的进一步完善和优化提供服务。最后，确保立体化教材编制的一致性。在条件允许的情况下，应确保同一媒介教材由同一团队或个人完成，从而保证教材内容逻辑、思想架构、语言风格等方面的一致性。

（3）建立健全评价制度，规范立体化教材的评价标准

要建立立体化教材的评价标准，对教材的类型、准入标准、开发流程等作出明确规定，使编写人员在操作过程中有据可依。明确立体化教材开发的目标以及各项要求，比如编写队伍的确定、编制内容的筛选以及评价的主体等，严格审核，保证流入市场的教材质量。

（4）建设高素质的立体化教材开发团队

高素质的教材开发团队是确保教材质量的基础。教材编写团队要有丰富的教学经验，了解课程的教学目标以及学生的知识能力水平，能够融会贯通教材内容和案例实践，并熟练掌握视频制作等新媒体操作技能，确保所编写的教材在内容、逻辑、功能层次方面都符合学生的实际需要，使立体化教材的质量更有保障。

教材立体化开发是一项系统的、科学的工程，是推行教学改革、实现素质教育和核心素养教育目标的重要组成部分。融媒体时代，高校教材立体化开发过程中还存在一些问题，对此，我们应正确认识教材立体化开发、规范立体化教材的评价标准、统一立体化教材的开发设计思想，从而满足

学生的学习需求，促进教师教学技能的发展和教学水平的提高，进而体现教育改革的价值和目标。

二、课程开发的实际案例分析——以电子书包为例

中国互联网络信息中心（CNNIC）在京发布第48次《中国互联网络发展状况统计报告》。这项报告显示：截至2021年6月，我国的网民规模已经达到了10.11亿，与2020年12月相比增加了2175万，这足以表明互联网已经渗入中国大部分的人群之中，社会逐渐向着一个浩瀚、方兴未艾的数字化方向发展。2021年7月，教育部发布《关于进一步减轻义务教育阶段学生作业负担和校外培训负担的意见》，意见中的数据和信息都在传达着一个信息，那就是现代化的媒体技术正在逐渐转变为一种重大而紧要的课程资源，移动设备和云服务的普及逐步影响着学生的学习方法和教师的教学方式。

2021年以来，不少高校将电子书包运用于课程开发、教学实践中，以期实现"智慧学习"。电子书包在课堂中的应用，是否真正为老师、学生带来便利，发挥作用；老师和学生在课堂中到底是否真正愿意使用电子书包，还是为了用而用，抑或是为了完成信息技术层面任务而用；老师和学生在应用电子书包时遇到了哪些问题；这些问题有没有解决的办法；等等，都是急需研究和探索的。

1. 电子书包概述

（1）电子书包概念

电子书包在国内外仍然是一个非常模糊的概念。电子书包概念关键词众多，如图5-1所示。综合国内外的各种观点，电子书包以网络环境作为运行的根基，它可以作为教师、学生之间的各种同步或异步交流与资源共享支撑。它主要应用在课前备课、课中授课、课后辅导。相对于传统的上课模式，电子书包属于一种相对新颖的学习方式，即利用网络设施等技术帮助学生有效学习。学生通过一系列的简单操作，便可以进行学习，且可以自己管理学习资源。它的特点主要是可便携式学习，且具

有个性化、移动性、按需服务的特性。电子书包除了具备系统学习功能外，还可以支持灵活的非线性学习。电子书包系统的概念模型如图 5-2 所示。

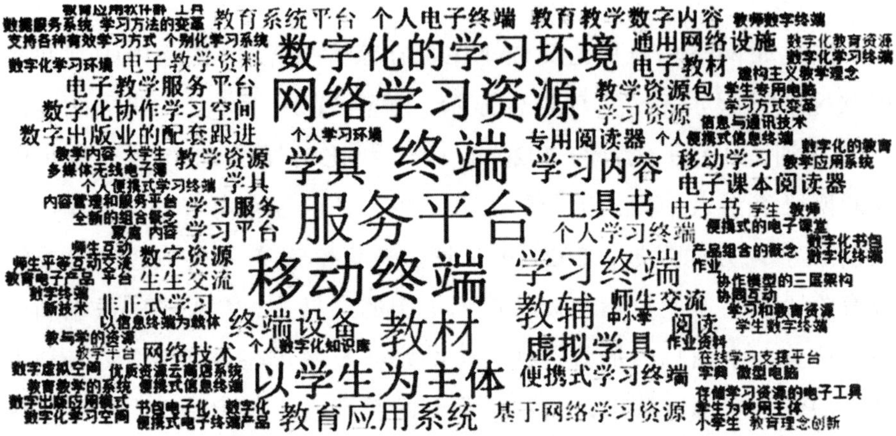

图 5-1 电子书包概念关键词文字云图

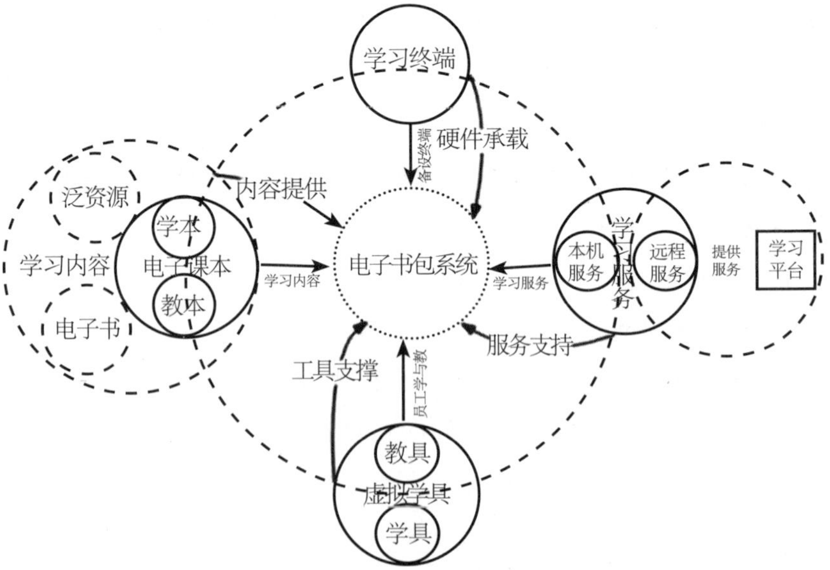

图 5-2 电子书包系统的概念模型图

（2）电子书包的架构

各类电子书包具有大致相同的架构，即数字化教学资源、教学应用服务平台和终端设备。数字化教学资源的核心是数字化教材和教学辅助资源。数字化教材包括版式电子教材、互动数字教材等；教学辅助资源是辅助教师教学和辅助学生学习的数字化内容资源，如电子课件、题库、辅助电子书、数字工具书、教学软件、音视频、多媒体和虚拟成像等数字化内容资源。教学应用服务平台是电子书包系统或教学应用系统的网络平台，用户一般是教师、学生、家长和教学管理人员等，该服务平台的功能模块可划分为教师备课系统、课堂教学系统、学生辅助系统、作业与测评系统、虚拟实验与知识拓展系统等，能够方便实现教学服务、学习服务、互动交流、知识拓展、资源管理及教学管理等。基于个性化学习和移动学习的理念，教学应用服务平台还会开发一些例如智能学习分析系统、学业测试与考评系统等具有个性化的学习指导和内容推送服务。终端设备针对各类课堂教学、教师教学和学生学习这三项而设计。根据网络和硬件配置规模，电子书包可以划分为学校局域网系统的电子书包、课堂教学的电子书包和课程系统的电子书包三种不同的类型。终端设备有固定设备、移动设备和网络设备之分，如电子白板、投影仪、摄录设备、播放设备、教师台式电脑、学生移动终端、局域网、服务器系统等。它能够满足教师在课堂上对内容资源的调用、传送和回收，满足教师对学生使用终端行为的控制，也能够满足学生对内容资源的调取和使用，还能满足教师与学生之间、学生与学生之间的教学互动和信息交流。

（3）电子书包国内外发展情况

迄今为止，电子书包一直被视为数字化时代的教育风向标。2003 年，美国微软推出了"电子书包"项目，美国政府也进行大力推进，之后日本、韩国等国家先后进行了电子书包项目的试点和推广。2011 年，多家大型电子企业已准备进入教育领域，它们研制的电子阅读器分别在美国一些大学做试点，但尚未形成规模。此时，美国加州已进入了电子课本推广期。各国研究学者从电子书包系统的功能结构上进行研究，并提出了不同视角的方案。虽然所提出的方案并没有很好地将终端、内容和服务等功能融合在一起考虑，建立综合性模型，但是却展示了电子书包在未来的发展趋势。不久，电子书包便在全球呈现百花齐放的发展态势。

2000年10月，国产电子书包在天津问世。2001年，第一批电子书包在北京、上海等四个城市开始试用。我国电子书包发展呈现出两个特点：一是电子书包试点项目多。据媒体报道，我国有50多个城市先后提出或是开展了试点项目，而且在西部一些较为偏远地区也进行了试点工作。二是电子书包试点项目亮点不多。刚开始试点工作声势浩大、轰轰烈烈，之后便销声匿迹，有始无终、有头无尾，有的甚至早夭，能够长期坚持下来并取得试点成效的电子书包项目并不多。

总之，电子书包在我国历经近20年的研究探索，其中包括近8年的低潮期，它若要作为教育改革的利器，必须先将自己磨成利器，有自己的独特之处才能引领教学模式的变革。在行业各种力量的推动下，电子书包不断向前发展。随着各项条件的不断成熟，电子书包将会有新的进步和发展。

就目前的社会形势来看，电子阅读已成现实，数字化学习也在路上，"无纸书籍"也将成为未来教育应用的必然趋势。在现代信息化背景下，电子书包作为新型教学工具，是教育行业的市场热点。电子书包的应用是为了减轻学生负担，改善教育信息化环境、增进教学互动、开发数字教育资源、提高教学绩效、促进教学改革。有关电子书包的研制和应用试点颇受各地政府、学校、新闻媒体的关注；与此同时，电子书包也吸引了出版社、教辅出版商、终端设备厂商、移动通信商、技术服务商、硬件设备提供商等的目光。

2. 电子书包在应用中存在的问题

随着信息化和网络化高速发展，为减轻学生书包负担，应运而生的电子书包有很多可取之处，但是其中存在的问题也很多。

（1）认识上的差异

我国对电子书包的研究还处于开始阶段，在理论研究、现实开发和应用中面临许多内在的和外在的问题。在电子书包理论研究中，学术界、出版界和教育界对电子书包的看法存在差异，这直接影响了电子书包的现实开发和在教学应用中的普及。迄今为止，电子书包在国内已经试用20多年，学术界存在着"唱荣""唱衰"和"共存"三种不同的观点。秉持"唱荣"观点的学者认为，电子书包不仅提高了教学质量，还推动了教学改革，同时使得教育信息化建设走向深入。秉持"唱衰"观点的学者认为，电子书包对传统教育和图书出版业带来了极大冲击，一些试点项目未能达到预期效果，因此，质疑甚至反对电子书包。秉持"共存"观点的学者认为，电子书包和数字教材有其长处，但也有其不足，不能完全取代传统教学和纸质教材，只是一种辅助的教学手段和学生的学习工具，电子书包与纸质教材应共存使用。秉持"唱荣"观点的学者也坦诚电子书包应用中确实存有问题。在开展数字化课程环境建设和学习方式变革试验中，专家指出，在教学过程中硬环境已不再是师生使用技术的核心障碍，教师对传统教学方式的依赖所形成的软环境成为真正的障碍，严重阻碍了教学与信息技术的融合。此外，电子书包所涉及的出版社和教育者也存在巨大的分歧，出版社更多关注的是电子书包对本社的影响及其盈利点，而教育者更多关注的是电子书包对教学模式和教学效果的影响。

（2）数字出版与数字教育未深度融合

电子书包关联内容生产、技术提供、平台服务和硬件设备等多个行业领域，电子书包的健康发展，离不开数字出版与数字教育的深度融合。针对电子书包结构而言，与电子书包领域相关的行业有内容生产和提供商、平台与运营服务商、技术提供商和设备供应商。内容生产和提供商是电子书包发展的关键因素之一，是电子书包产业链的上游企业。电子书包的系统架构和网络平台的构建离不开平台与运营服务商提供的技术服务。技术提供商，大多为大型互联网企业，它们或拥有核心技术和专利，或具有较强的技术研发能力。因为电子书包项目以硬件设备为支撑点，所以需要设备供应商提供硬件设备。由于数字出版与数字教育未深度融合，电子书包技术和市场上的不成熟，在使用过程会逐渐显露出一些问题。

第一，侧重硬件，轻视软件。硬件设备构成了电子书包的外观和外壳，不少电子书包试点项目注重硬件设施建设，而忽视内容建设，"书包里面没有书"的现象较为普遍。

第二，电子书包格式问题。因为电子书包没有通用的标准和格式，所以电子书包在安装方面有规定性的要求。例如，从一家商店买了电子书包，该电子书包只能在规定的电子阅读器中使用，无法在其他电子阅读产品中使用，这就造成了电子书包的唯一性，使得各个商店在电子书包或是电子阅读器中的业绩无法实现大幅度提升。

第三，电子书包版权保护问题。电子书包的兴起，对传统纸质出版行业是巨大的挑战。我国的电子书包问世以来，一直有版权保护的困扰。在权限方面和使用保障方面一直缺乏相应的制度和法律的保护。在权限方面，无法保障使用者是购买者本人，这就造成了内容的散播和功能的盗用；在功能保障方面，由于电子书包缺乏技术加密，导致内容极易被复制、散播和篡改。这些问题使作家和出版社对电子书包望而生畏。在近几年的发展过程中，数字版权管理（DRM，英文全称 Digital Rights Management）技术应运而生，它主要是从技术上限制数字化内容的非法复制和使用，在一定条件下保护了原创者、提供商、运营商等各方的利益。该技术对数字化内容的使用做了限制，只有在用户授权的情况下，支付相关费用后，才可以使用相应的内容。数字版权管理技术为电子书包的版权保护提供了有力的技术支持。

第四，技术方面。电子书包的使用，需要各个方面的技术作为基本条件。一是需要网络，学生通过网络获得电子书包中的资源，完成在线学习的任务，实现师生之间的沟通。二是学校需要建立学习平台，实现学习资源的管理。

第五，移动终端方面。移动终端方面存在的问题有以下几点：一是彩色的电子墨水屏色彩数极低，无法达到理想的状态；二是电子墨水屏不抗压，它的质地非常薄；三是电子墨水屏显示技术不是电子技术，而是化学技术，在显示时常常出现竖断的现象。以上，对电子书包的发展和应用产生了阻碍。

针对上述问题，电子书包在出版过程中，应发挥优势，克服劣势，利用机遇，规避风险。通过内容、技术、平台，服务、设备和教学应用之间的相融相通，实现技术融合和市场融合，构建数字教育出版的新产业链，实现电子书包的产业化发展，形成数字教育出版的新市场和新业态。

（3）缺少丰富优质的数字化学习资源

学生在应用电子书包的过程中，不仅需要有相应的技术支持，还要有学习资源的配置。多样且优质的数字化资源是电子书包稳步发展的根基，这些数字化资源具有多样化、延伸性、互通性等特征。电子书包经过近些年的各项技术优化，其资源库已经达到了网上图书馆的标准，但是这些资源仅仅是堆放在其中，资源是否按照电子书包的基本特性进行合理安排，却不得而知。现在的电子书包急需一个具有逻辑性、联系性、区域性特征的学习资源体系，来达到丰富且优化其学习资源的目的。

（4）教学质量不佳

学校的教育通过教师的优质教学来达到提高学生成绩、提升学生各方面素质的目的，因此，一流教学质量是教师追求的最高目标。在教学过程中，教师通过使用辅助性的工具来帮助学生学习知识。但在教学质量上，学生使用工具无法与教师亲密交流。例如，教师在授课的过程中，可以及时发现学生存在的问题，并给出解决问题的建议；而在使用电子书包的过程中，教师和学生会被电子书包中的课件控制，教师无法根据学生的课堂反应对教学内容做出及时调整，而且电子书包的使用缺乏互动性，使得学生与教师之间产生距离感。互动是师生之间的思想碰撞，是激发学生潜能的助力。因此，电子书包在课堂中的应用，需要解决的问题是信息畅通。信息畅通，一方面是指师生之间的互动，另一方面是指教师、学生、课堂中所涉及到的各种工具的互动。只有解决了这些问题，电子书包在课堂中的应用才能收到最佳的教学效果。

（5）不适用于所有学科内容

一些教师认为，电子书包并不适用于所有的学科，例如数学、化学学科的教学偏向于实操能力，电子书包就不适用该类学科。虽然语文、英语学科在使用电子书包过程中更加顺畅，但是同样也存在问题，如电子书包无法培养学生的创新性，无法解决书法问题及发音问题等。这种情况只能通过教师去引导、纠正和培养，电子书包在技术上无法满足师生对此的要求。所以如何将教学内容与电子书包进行合理结合成了教师面临的最大问题。当然，这也是电子书包本身的问题，即电子书包内容设计的不合理性。因此，电子书包需要及时更新，更深层次地开发。

（6）不利于阅读习惯的培养

电子书包是通过文字、图片、音频三者相结合的方式对学科内容进行讲授的。文字、图片和音频的使用，利用了静态和动态相结合的方式，即通过视觉和听觉两方面呈现给学生，给学生以生动和形象的体验，且方便加深学生对学科知识的理解。但是电子书包的阅读和纸质教材的阅读感受是不一样的，纸质教材的阅读感受更为愉悦且便于标注，电子书包不利于学生阅读习惯的培养。虽然随着科技进步、时代发展，屏幕阅读已经成为阅读的大趋势，但是不可能取代纸质图书。

（7）身心健康问题

在电子书包试点期间，学生家长表示电子书包虽然有很多优点，但是也存在潜在的、影响学生身心健康的问题。笔者从以下五个方面对比进行分析：

第一，电子书包容易损害学生的视力。电子产品的屏幕过小，很容易使学生视力下降；第二，电子书包容易使学生形成依赖性。学生会利用电子书包的便捷性，对电子书包中的内容进行再次利用，如在写论文时，通过复制、粘贴已有的内容来完成论文，长此以往，学生对需要记忆的内容会习惯性地忽视；第三，电子书包可能会导致提笔忘字的现象。文字书写是表达情感、陶冶情操的最佳方式之一，然而电子书包的使用使得学生文字书写的机会变少，容易造成学生提笔忘字的问题；第四，电子书包可能会降低学生的语言表达能力。学生在日常学习过程中，若习惯于使用各种通信软件进行交流，在日常生活中与人当面沟通的能力就会降低，这主要体现在口语和肢体语言表达方面；第五，电子书包在一定程度上会分散学生注意力。在教师教学过程中，电子书包中的内容容易使学生注意力分散，如教师在使用电子书包授课，学生却在观看电子书包中的其他无关内容。

　　随着研究的不断深入，同类问题会越来越多。面对企业的热情、舆论的热潮，在研究开发电子书包的过程中，要正视和重视这些问题，电子书包的推广更应该慎之又慎。此外，应用电子书包所需要的信息化环境尚未搭建完善，电子书包用于课堂教学还需要很长一段时间。

　　3. 针对电子书包应用问题的合理性建议

　　创建智慧学习环境，引导学生进行"智慧学习"，都是解决电子书包存在的数字出版与数字教育未深度融合、缺少丰富优质的数字化学习资源、教学质量等问题的方法。具体而言，针对电子书包应用问题，笔者提出以下两点建议。

　　（1）提升教师对电子书包满意度

　　1）终端设计人性化和个性化

　　电子书包的主要使用者之一是教师，备课、授课、评价、反馈是保证教学质量不可或缺的环节。因此，电子书包的设计首先应考虑这四个环节的教师需求。一方面教案和课件必须可以直接导入电子书包系统，并且可以直接对教案及课件进行编辑，这样即使是初次使用电子书包的教师，也不会因为对电子书包系统不熟悉，而利用电子书包重新再备一次课。另一方面，授课环节必须保证电子书包的锁屏、位置、屏幕广播、小组创建等功能非常灵活且快速。同时，电子书包对网络的要求也比较高，一旦同时登录的班级过多，会出现反复掉线的问题，影响师生对电子书包的满意度。这也给学校乃至教育主管部门提了个醒，在选用移动终端作为教学辅助设备的时候，一定要选择大品牌、兼容性好、性能稳定、设计更人性化、操作更简单的终端。只有终端的设计满足教师的需求，能够促进教学发展，教师才能更好地引导和帮助学生开展智慧学习。

　　2）完善的数字化资源

　　电子书包的数字化资源非常丰富。现在的电子书包都有基本的资源共享功能，但需注意的是，资源建设不等同于把多种版本教材的电子版整合到电子书包上，而是要制作出与不同版本教材相配套的备课资源、上课资源、微课等。而且资源建设要针对师生分开建设，只有电子书包的资源丰富了，教师们可参考的学习资源多了，教师们才乐于使用；教师对电子书包的满意度提升了，才利于引导学生开展智慧学习。同时，还要加强教师间的资源共享。随着集体备课、主题教研的推广，不同教师用户间的关联度应该增强。例如，教师们可以根据需求，建立教研组，由组长上传资源后，每个人的电子书包就能够使用并且编辑资源，减少重复工作，还能共享、完善数字化资源，丰富的数字化资源是开展智慧学习强有力的保障。

（2）电子书包应用于课堂教学的建议

1）减少花哨的功能

经过调查、访谈、课堂观察发现，学习者在使用电子书包上课的初级阶段，由于新鲜，很容易被电子书包系统的其他功能或者资源吸引。比如，举手回答环节，系统会提醒教师哪位同学举了手，教师抽到该学生回答问题，学生端也会收到相应提示。刚一开始，尤其是低年段学生，他们的注意力完全在操作电子书包上，很少有人关注课堂内容本身，教师要不断重新提醒学生回到知识内容上。过于花哨的功能是导致使用电子书包课堂效果不好的重要因素。因此，为了让学生能更好地沉浸到学习状态中，产生强烈的代入感，需要减少移动终端过于花哨的功能，这样才能使学生更关注学习本身。

2）加强师、机、生互动

师生互动其目的在于让师生合作完成某个任务，从而启迪学生智慧。电子书包是一种辅助学习工具，它的加入应该促进师生互动，只有实现师、生、机三者间的互动关系，电子书包的应用才是利于发展学生智慧的。利用电子书包可以同时进行多向互动，更能在第一时间获得学习资源，这无疑节省了很多时间，让学习更高效。

3）加强个性化学习

满足学习者的个性需要是智慧学习的显著特征之一。智慧学习中的多维、及时交互是指老师对学生进行一对一服务，同时能够获得智能学习终端的个性资源推送。然而传统的大班教学基本上无法实现个性化学习，在小班教学中或者将大班进行分组后，可利用电子书包的移动终端根据学生学习进度进行智能资源的定制和推送，教师可以根据学生的现有知识水平和学习需求，定制适合不同学生的学习目标和任务，学生学习后，电子书包会把学生的学习情况以数据的形式反馈给教师。这样，教师不仅可以掌握每个人的学习情况，还可以掌握全班的学习情况，同时还可以连续跟踪每个学生每天的学习情况，更准确地了解学生的变化，有针对性地辅导学生，做到因材施教。

4）学习方式多样化

学习方式的改变能够改进学生的学习效果，教师在教学中作为设计者、指导者和帮助者，应设计能够让学生动手操作、查找资料、讨论问题、探究规律的环节，利用电子书包的特点和无线网络通信环境改变传统固定座位排列方式，根据学习者特征和学科要求快速分组，采用学习小组讨论的形式，突出基于问题的学习。提倡差异化学习、自主性学习与合作探究学习，引导学生由传统学习方式向智慧学习方式转变。随着互联网技术的不断发展，智慧学习可以发生在课堂、图书馆、博物馆、家中等任何地方，在任何时间都可以学习；更不局限于传统学科，高校的新兴学科更需要智慧学习。我们只有将不同的学习方式不断磨合、转变、融合，才能让我们的学习"触处可见""随时发生"，才能学得更科学、更自如。

第六章　网络大数据对大学生就业的影响

　　大学生就业情况是高校之间竞争力的体现，网络大数据时代的到来给大学生就业带来了机遇和挑战，如何利用先进的网络技术和大数据技术加强就业指导，从而实现深入探索就业新道路的目标，促进学生更加积极就业，这对学生就业具有十分重要的意义。

第一节　大数据背景下高校学生就业路径分析

一、大学生就业路径的现状

　　当前大学生的就业路径主要可分为校内招聘和社会招聘两大块，其中校内就业路径包括校园招聘会、学校推荐就业、高校自行举办的招聘会、高校联合举办的校园专场招聘会、综合性人才招聘会等；社会招聘途径有中介机构代理、网络招聘等。

　　随着我国社会经济和科技的不断发展，我国经济逐渐步入新常态阶段。在社会经济和相关教育政策的影响下，现有的这些就业路径已无法满足大学生就业需求，为保障大学生实现自身的价值，为大学生创造更多的就业机会，现在亟须改进、创新和创造大学生就业路径来缓解当前大学生就业压力。

二、大数据背景下的就业路径分析

（一）目前就业路径存在的问题

1. 网络就业路径存在数据安全问题

虽然当前网络建设已经得到全面普及，但在其发展过程中仍然存在诸多问题，如数据的安全性会受到网络开放性的一定负面影响，这就给高校毕业生就业造成一部分问题。工作人员在对数据进行全面的采集和整理的过程当中，会重点找一些比较有意义和价值的数据信息，将这些数据信息进行集中整理。这个过程很容易让一些非法分子注意到，他们会采用一定的手段去盗取这些数据信息。这样不仅给毕业生个人信息带来一定的安全隐患，甚至会对整个企业或者是国家的重要信息带来严重的威胁。高校毕业生可能会因为信息的泄露而受到不法分子的欺骗，从而无法获得正确的就业途径。除此之外，工作人员在分析高校毕业生数据的时候，会将数据库作为分析的重要基础。但是，在当下众多数据保管形式中，数据库是一种非常普通的保管形式，它的安全性能和安全措施并不是十分周全，所以无法全方位地保证这些数据信息的安全性。鉴于此，我们必须加强数据库的安全措施，提升它的安全性能。

另外，很多企业在经营的过程中，由于视野不够开阔，企业经营面相对而言比较狭窄，企业运行中经常会涉及一些数据信息，但是大部分企业对于计算机系统的安全性能了解得少之又少，所以在使用过程中对其进行全方位控制的能力并不强，很多重要的数据信息面临着被泄露的风险。

2. 就业路径中招聘数据平台有待开发

目前，在科技高速发展的背景下，不同的企业在发展的过程中都有着自己非常突出的特点。在数据采集的过程中，企业会选择最合理的收集方法；在对数据信息进行处理时，不同企业也会选择不同的方法。针对高校毕业生就业方面的问题，需要有功能强大的数据平台作为支撑。2021 年 12 月 28 日，教育部召开新闻发布会，介绍了全国高校毕业生就业工作有关情况。2021 年的毕业生数量已经达到了 909 万人，比 2020 年增加了 35 万人，并且每年毕业生的数量还在急剧增加，2022 年毕业生预计 1076 万人。如果没有功能强大的数据平台作为支撑，则会有很多毕业生的简历无法得到企业的重视。为了满足高校毕业生对招聘数据平台的使用需求，设计出更多类型的数据平台势在必行。但是在开发过程中，我们必须用到各种各样的数据开发工具。就目前的发展而言，我们国家在信息技术领域取得了突破性的成就，而且信息技术已经广泛地应用于生活和生产各个领域。大数据平台给企业的运行提供了更加有利的条件，数据分析师借助于大数据平台，效率会更高，质量会更好。但是并不是所有的平台都能很好地应用到高校毕业生求职的过程中，所以相关的研究人员应该深入地去研究大数据的平台建设，针对不同专业的高校毕业生的就业问题，做一个细致的了解，将这些信息有效地利用到招聘数据平台的建设过程当中。

3. 就业路径缺乏创业意识

就业是培养人才的最后环节。国家曾多次发布文件并强调就业创业对国家经济发展、社会稳定与家庭和谐等方面的重大意义。各大高校也响应国家政策下发了相关文件，并在文件中明确指出就业创业工作对高校和社会发展起着重要作用。然而在教育实际中，当就业创业工作与教学科研工作出现矛盾时，大多数高校会倾向于后者，并且事实上，一些高校并不会采取强有力的措施来真正推动就业创业工作的展开，这些高校对就业创业项目的"重视"，大部分只体现于高校的文件、会议和口头之中。

学生就业创业能力有待提升。大数据背景下，毕业生"就业难"的原因很多，如专业设置与市场需求不符、国家经济发展不平衡等，但必须肯定的是，其中的一个重要原因是毕业生的就业创业能力与社会需求不对等，不能满足社会和市场发展的需要，不能为企业未来的深层次竞争提供帮助。因此，应敦促高校落地并推广就业创业意识，增强大学生就业创业能力，这是解决"就业难"与"用工荒"的有效途径。

（二）应对大数据背景下就业路径问题的对策

1. 解决隐私保护问题

在信息爆炸的时代，大数据的管理问题造成很多人个人隐私的泄露，所以要想让高校毕业生在大数据背景下得到更好的就业机会，就必须解决隐私泄露问题。随着互联网的快速发展，数据的隐私泄露问题日趋严重。人们在使用互联网的时候，在不同的地点、不同的网络平台留下自己的痕迹。也许在不同的地方遗留下来的部分信息不足以对用户构成威胁，但如果有一个系统将这些信息整合起来，形成一个完整的信息，那么，用户大量的隐私甚至用户的生命财产都有可能遭受威胁。所以，在大数据时代，一定要保证用户的隐私被完好地保存起来，避免造成个人合法权益受到侵害。

2. 相关政府部门应该提供支持和帮助

如今高校毕业生的就业问题已经成为社会的热点问题，仅仅依靠高校或者毕业生自身，很难解决这个问题，所以，相关的政府部门在高校毕生的就业路径上应该提供相应的政策帮助。首先，相关政府部门应该设立大学生就业指导部门，该部门既要有效调节大学毕业生的供求矛盾，又要制定促进大学毕业生资源优化配置的政策，从而帮助大学毕业生在期望的地区、行业实现就业，以促进社会的全面进步。比如，政府可以采用有效的优惠政策引导学生进行就业选择，鼓励高校毕业生回家乡就业，为家乡发展贡献力量。其次，政府可以制定鼓励自主创业政策，鼓励高校毕业生进行自主创业。自主创业一方面可以解决毕业生的就业问题，另一方面也可以促进社会经济的发展，带动我国新型产业的发展。

3. 提升精准服务水平，全面提升人才培养质量

第一，构建毕业生和用人单位的信息交流平台。大型双选会和专场招聘会是高校毕业生就业的重要渠道之一，高校年均召开专场招聘会百余场，但不能有效掌握毕业生参与招聘的具体数据。高校可以和企业合作构建就业信息平台，该平台主要用于求职、招聘、培养毕业生。借助该平台，一是可为企业提供更多人性化服务，如为企业提供发布招聘主页、生成招聘

二维码、查看学生参与招聘会报名情况、下载简历等多项服务；二是可以为学生提供搜索求职意向企业、在线报名、在线投递简历、现场签到等个性化服务；三是高校后台可实时掌握招聘会举办的具体情况，如投递简历人数、现场签到人数、达成意向人数、签约人数等真实数据。

第二，借助移动互联网技术改进高校教育教学和就业创业工作模式。一方面，以移动互联网技术为手段，可通过丰富日常教学方法，提高教学质量，达到教育目标；也可以向用人单位反馈毕业生对职位需求的调查数据，高度适应教育与市场环境；同时可以借助学生和企业线上招聘的互联互通以及基于大数据的岗位统计结果，提高学生和企业的满意度。另一方面，可以利用长期积累的移动互联网下"大数据"知识，来提升教师人才队伍的水平和改进高校教育理念，从而高效实现教育目标；借由人才培养标准进一步与市场需求接轨，尽快适应教育与市场的环境；可通过实现学生自我认知和就业预期与用人单位招聘目标之间的平衡，提高学生和企业满意度。

第三，深化教学改革，全面提升人才培养质量。

一是按照"强化一条主线、突破两个难点、搞好三项改革"的思路，高校应全力推进就业创业教育与专业教育的相互融合，将就业创业教育融入人才培养全过程。

"强化一条主线"，即以应用型创新创业人才培养为主线，构建本科学历教育与职业能力提升共同推进的人才培养模式；"突破两个难点"，即针对高校人才培养与生产实践联系不密切、学生专业实习实训缺乏真实客观环境的问题，按照高校与企业共同商讨与制定人才的培养方案，共同制订课程计划，共同开发教材，共同建设专兼职相结合的教学团队，共同建设实习（实训）基地，共同制定质量保障措施的思路，实现专业实践教学与企业生产的无缝对接；"搞好三项改革"，即通过课程体系改革、教学模式改革、考核评价方式改革，突出高校理论课程和专业课程的综合化、实践教学的现场化、通识课程的多维化、创新创业课程的交叉化，以及选修课程的特色化。以不同的专业为基础，结合学生各自的特点，通过职业技能鉴定、真实环境考核、第三方评价等方式，构建一个多元化、全程化的学业考核模式。另外，在考核时可以邀请与高校设置专业相关的企业对学生进行综合素质和专业能力测评。

二是坚持点面结合理念，着力提升学生就业创业能力。重视对具有创业意向和创业潜质学生的培养。对有创业意向和潜质的学生，应制订专门培养计划，建立档案，记录其理论选修、学科竞赛、科技发明、项目实施等内容，进行量化评价；在课程和讲座方面，要多开设创新创业系列学术讲座和《创业沙盘模拟》《创业计划书撰写与展示》等选修课程；要鼓励学生设计与探索创新性实验、发表论文、获取专利。高校对有就业意向的学生，要全面开放实验室，提升学生专业实践技能，提高就业匹配度。通过全面开放、定时开放、预约开放等形式，高校的省级重点实验室、省级实验教学示范中心、博士后研发基地等高层次科研平台、研发中心、实验实训中心、实验室面向全体学生开放，实现学生可以获得开展指定实验、自带项目实验、课外活动实验和科研项目实验等实践活动的期许。同时要鼓舞学生积极参加学科竞赛，实现各专业以赛带训、以练代培的目标，从而切实提升学生的就业创业能力。

大数据时代给学生就业路径提出了更高的要求，毕业生面临着更严峻的考验，在这种情况下，高校需要从各个方面着手为高校毕业生创造更加良好的就业条件，利用大数据为学生提供个性化就业服务，对高校毕业生进行全方位的就业指导，以保证高校毕业生可以顺利地找到工作。

第二节　大数据背景下大学生就业服务的信息化建设

大数据时代给很多行业的发展带来了机遇和挑战，通过大数据技术对行业发展进行分析，获取有价值的信息并进行有效的运用，引起了众多行业的改革。在高校就业管理工作中，毕业生就业数据及对数据分析的价值也受到了广泛的重视。一方面，种类繁多的数据不仅提供了大量的信息，还造成了求职者难以选择的困扰，因此，信息资源的共享和整合能给求职者带来便利。另一方面，大量就业信息出现，形成了信息的比较，如就业成功典型、创业失败案例、各专业就业前景比较等。大量就业信息给大学生就业选择带来了方便，也容易使大学生迷失就业方向，造成了部分大学生就业的悲观情绪。在大数据时代，高校如何利用信息化的就业服务促进学生就业成为学生就业的焦点。本节以大学生就业服务的信息化建设为例，探讨网络大数据对就业服务信息化建设的影响及应对措施。

一、就业服务信息化建设现状

（一）信息化建设基础条件基本具备

2010 年，教育部对高校就业相关系统做了全面的整合，从而开启了全国大学生就业信息服务一体化系统，这意味着高校毕业生就业信息化建设进入了统筹发展阶段。各高校为了满足自身就业工作的要求，建立了相应的就业信息化平台，在信息化建设硬件方面投入了大量的人力和资金。信息化建设基础条件基本具备，在信息化平台的软件开发和后续更新维护工作上也有一定的投入和开展。

（二）信息化建设工作机制初步建立

经过几年的建设，我国高校就业信息化建设已初步完成，各级政府就业指导部门网络平台、各高校就业指导中心网站、社会人才招聘网站等各种信息化平台建设具有一定的规模，逐步形成以政府就业引导部门、高校就业指导中心、毕业生为核心的就业信息化体系。就业信息化工作机制初步建立，通过信息化建设对用人单位招聘信息、毕业生求职信息等进行有效管理，从而帮助大学生更好就业。

（三）信息平台运行状况良好

目前，各高校基本建有相应的就业信息网，可以促进学校、毕业生和用人单位三方的密切联系和交流。就业信息网提供各类就业招聘信息及就业政策法规等。毕业生可以及时了解用人单位资料和招聘信息，并将应聘简历发送到合适的单位；用人单位也可以通过学校的信息化平台，了解学校的整体发展情况，了解学校的人才培养状况和学生综合素质，通过学校就业网站查看完整的电子简历等。

（四）信息化人才队伍初具规模

目前，高校内一般会设有招生就业部门或就业指导中心，专门负责毕业生就业相关事宜。该就业部门拥有一支信息化人才队伍，且建立了相应的运行管理机制，信息化人才队伍对高校就业网站进行运行和维护。

二、网络大数据对就业服务信息化建设的影响

（一）信息化建设中存在的问题

1. 信息化建设目标不明确

加强就业信息化建设是就业工作中的一项重要内容，但目前有一些高校虽然设立了就业指导中心，有相应的硬件设施和工作人员，却忽视了信息化软件的开发和利用。还有一些高校在就业信息化建设上盲目投入、重复规划，没有充分结合自身实际的发展要求，在开发建设时没有考虑有效利用现有的教育和信息资源，盲目求大、求新，造成资源的浪费。因此，高校需要树立开放、合作的观念，利用一切可开发的信息资源，加强信息化平台建设。

2. 信息利用效率不高

信息化管理平台建成后，由于学校对使用信息化平台缺乏相应的引导和宣传，广大教师、就业指导者缺乏对学校信息化平台的了解，无法有效利用信息化平台，无法提供更有效的就业指导服务。毕业生缺乏对学校信息化平台的了解，无法及时通过平台获得就业信息，寻找到适合自己的工作岗位，甚至错过就业最佳时机。或者因信息化平台建设功能不全、缺乏

相应的吸引力，使用率不高，造成系统资源浪费，信息化管理的优势不能得到充分发挥。

3. 信息审核机制有待完善

在就业信息化工作中，学校作为毕业生与用人单位之间信息传递的中介，有义务对双方信息进行审核：一方面，对毕业生的信息要确保真实性，对毕业生提供的信息进行认真审核，若审核制度不完善，可能会导致一些毕业生为了增加就业筹码，提供虚假的信息或放大自身的能力以求获得用人单位的青睐，这样会导致用人单位招聘时判断错误，毕业生之间形成不公平竞争；另一方面，对用人单位的信息更要严格审核，对于进校招聘的企业，学校就业管理部门要严格审核其资质和正规性，对提供的招聘信息要进行多方面核实，确保信息的真实有效，防止学生上当受骗，保护学生切身利益。

4. 就业信息传播渠道不通畅

由于我国的信息化建设缺乏系统的统一规划，各高校一般按照自身的需求进行信息化平台建设，在建设过程中容易形成大量的信息孤岛，学校、学生、用人单位之间无法实现信息共享，信息化的便利性不能充分体现。还有一些高校在信息化建设过程中，无法将各种不同的职能系统合并为统一的系统，导致不同的功能系统并存，如既有就业方面的就业管理工作系统，又有教学方面的教务管理系统，系统之间的数据信息互不兼容。信息孤岛的存在导致了业务系统中数据管理的难度增大，各系统之间也可能存在数据信息的不一致。

（二）存在问题的原因分析

1. 缺乏系统的信息化战略规划

目前，许多高校的就业信息化建设明显缺乏战略规划，往往是为了信息化而信息化，其信息化更多的是为支撑部门业务运作，与就业工作整体战略缺乏有效匹配和对接，这极大制约了信息的使用效率。这样的信息化建设往往达不到理想的效果，因此，高校需要制定系统的信息化建设规划，构建统一的信息化平台，这样才能有效整合信息资源，提高信息的使用效率。

2. 提供大学生就业信息服务的意识不强

目前，高校提供大学生就业信息服务的意识不强，大多数就业网站在就业指导服务功能上还有很多不足，所提供的就业服务主要是一些招聘信息和就业相关政策法规的公布，与大学生就业密切相关的需求如职业能力测评、职业生涯规划、一对一指导、模拟面试等方面的内容极为有限，毕业生与用人单位之间所需的交流问答、远程面试等服务功能也很少。同时，缺乏对隐形就业市场如对市场供求倾向、相关就业形势变化、薪酬水平等方面的相关分析和引导，毕业生对相关问题无法及时获得帮助。因此，就业指导中心需要增强就业服务意识，提升就业信息网站的各项就业指导服务功能。

3. 对大学生就业信息的研究和应用不够

数据信息的应用是对数据进行有效的收集、存储、归纳、处理和应用的过程。其目的是最大程度地将数据作用表现出来，实现有效的数据管理。随着日渐严峻的就业形势和日渐增大的就业压力，学校往往更加注重就业市场开拓以及就业指导课程改革等，而忽视了对就业信息数据的深度挖掘和利用。在数据分析上，往往只注重升学率、就业率、就业行业分类等就业数据信息，忽视了对这些数据的进一步研究，无法挖掘出更有价值的信息，如当前的就业形势、社会所需的人才变化、对毕业生的综合素质要求等。

4. 对就业信息缺乏相应的宣传

对就业信息缺乏相应的宣传，就业信息宣传路径不畅通，容易造成信息资源的浪费。就业信息不能及时有效地传达给广大毕业生，就不能为毕业生求职增添筹码，提高毕业生求职成功率。对于就业指导人员来说，不能有效利用数据系统提高就业服务工作效率，引导毕业生积极就业，更好地为毕业生提供就业服务，极大降低了信息化建设为广大学生提供就业服务的作用。

三、大数据背景下大学生就业服务信息化建设的重要性和意义

（一）大数据背景下大学生就业服务信息化建设的重要性

大数据时代的到来，为高校学生就业信息化建设提供了新的发展机遇和发展思路，利用大数据技术可以有效地解决目前就业信息化建设中存在的不足。各级政府就业指导部门、高校可以有效地利用大数据技术的优势，进一步加强就业信息化建设，更好地帮助大学毕业生就业。

1. 增加就业工作的针对性

大数据技术通过对当前经济发展、历届学生就业信息、企业招聘信息、毕业生流向等大量数据进行分析，预测各行业就业形势、薪资水平、各地域竞争状况等内容。据此，各级政府就业指导部门可以统筹安排就业工作；企业可以有计划地进行招聘，提供合理的薪酬待遇，找到合适的求职者，从而节约招聘成本；高校可以有计划、有步骤地开展相应的就业指导，为毕业生提供更好的就业指导服务；大学毕业生可以根据自己的专业，结合自身的兴趣、特长、个人发展意向等树立合适的就业观，明确求职目标，做好充分的应聘准备。

2. 提高信息利用效率

大数据技术通过对大量数据信息的收集和分析，完成信息的高度集合，可以将各信息平台紧紧联系在一起，各平台之间的信息可以进行快速融合和交流，能大大提高信息的利用效率。通过大数据技术，求职者在搜寻职位信息时，通过设置信息关键词，搜索相关的职业信息，自动屏蔽无关的信息，提高信息的获取效率。通过大数据技术的综合分析，加强信息审核功能，可以快速识别和消除网络上的一些虚假招聘信息，减少求职者上当受骗的概率。

3. 扩展信息平台功能

大数据技术可以进一步拓展和完善各信息平台的功能。信息平台不仅具有提供招聘求职信息的功能，还可以增加更多的服务功能。如就业形势

分析与预测、一对一就业指导、交流问答、简历投递和筛选、远程面试等。随着大数据技术的不断更新发展，信息平台的建设将不断完善，大学生择业将变得更高效、快捷、形式多样。

（二）大数据背景下大学生就业服务信息化建设的意义

1. 促进教学改革

高校主要以培养应用型人才为办学目标，市场对人才需求的变化对毕业生的就业有着重要的影响，因此，在专业设置、课程教学时，高校应充分考虑市场对人才需求的变化，及时改革相关课程的教学方式和内容，使专业设置、知识结构更加符合市场的需求。通过大数据的统计分析功能，使学生充分了解企业所需人才类型、自身适合的工作岗位、毕业就业的区域性特征等，帮助学生更加理性就业，提升办学水平。

2. 培养大学生正确的择业观

目前，很多就业信息网站更多提供的是招聘信息、就业政策、就业流程办理等方面的内容，在一定程度上为毕业生获取信息、寻找工作提供了方便，但是更多就业相关的信息无法及时传达到毕业生手中。因此，要进一步完善就业服务网站，加强就业服务的信息化建设。同时，在完善大学生就业服务信息网站功能时，可加入更多的信息内容，如社会就业环境预测、职业发展前景、就业创业成功案例等，从而有效地帮助学生树立正确的职业观，为毕业生积极就业打好基础。

3. 提供个性化就业指导服务

在大数据的背景下，高校利用数据信息技术有效地筛选、分析、归纳和整理数据信息，将给毕业生就业提供有效的帮助。要加强对毕业生使用数据信息的指导，同时为毕业生使用数据信息提供便利，如通过收集毕业生的就业意向、人格倾向、职业测评、薪酬期望等信息，与社会网络中的分散、庞大的招聘信息进行分析和匹配，实现一对一的就业指导服务，从而帮助毕业生找到更适合的工作岗位。

4. 鼓励大学生创业

实践证明，通过支持大学生自主创业的方式带动就业可以在一定程度上缓解当前毕业生的就业压力，因此，高校在提供就业指导和服务时应鼓励和帮助大学毕业生创业，为大学生创业提供优良的环境和平台。大数据时代为大学生创业提供了丰富的信息和更多的平台，给大学生创业带来了机遇，降低了创业的难度，大学生可以运用大数据技术明确创业方向，寻找创业项目、创业成功与失败案例，从而提高创业的成功率。同时，各级政府和高校对大学生创业还提供了相应的经济支持和政策保障，因此，大学生创业具有十分明显的优势。

四、大学生就业服务信息化建设的对策

（一）加强就业服务信息平台的整体建设

目前，高校就业平台的搭建工作已接近尾声，各个平台有待进行整合，整体功能需要进一步完善和优化，在网络大数据背景下，不能一味地盲目开发建设，而是需要加强整体规划和合理的布局。同时，对于高校就业信息网来说，除了发布就业信息、具备网络简历投递的功能之外，还需要为毕业生提供更多便利，帮助毕业生顺利就业。这需要加强对就业服务信息平台的整体规划，通过信息化平台，毕业生可以了解目前的整体就业形势、专业就业前景、行业发展现状、就业地域差异等信息，相关问题可以实时咨询，获得解答。

1. 硬件和软件建设同步

目前，各级政府就业指导部门、高校在信息化平台的硬件设备上已经具有良好的基础，当前急切需要的是能满足各种使用主体需求的合适的软件和系统。一般来说，软件和系统开发要比硬件建设复杂，国家应出台统一的标准，高校与技术人员应该加强沟通，构建符合各就业工作要求、并能满足未来可持续发展需要的软件和信息管理系统。对于就业信息平台来说，浏览量是就业工作的重要指标。就业信息网除了日常扎实有效地做好毕业生就业服务工作之外，更需要加强自身建设，更好包装自己、宣传自己，增强自身的吸引力，这样才能吸引更多的毕业生关注、使用网站。

2. 功能模块建设以学生为中心

就业信息平台以服务学生学习、成长全过程为出发点，功能模块建设要体现学习管理、服务、交流、监督等功能，突出其实用性。就业信息平台不仅是在校学生的学习平台，也是毕业生的就业平台，通过为每个学生建立相应的档案，学生学习成绩、竞赛活动、社会实践、参与就业指导和就业应聘等过程都可以在档案中体现，实现个性化的管理与服务。

3. 利用大数据充分整合资源

利用大数据充分整合、联通各类人社服务系统，将就业服务与社保、医保、培训等有机结合，构建多元化、全方位的人才服务信息网络系统，以人力资源作为一系列服务的支撑，以大数据库作为载体，实现就业服务系统与其他人力资源系统相连接，进行数据共享和交换，促进就业信息服务一体化发展。一是建立统一的就业信息化系统。探寻与重点企业、其他网络的互联和信息互通，建立面向学生的全国就业岗位和求职信息数据库，各类用人单位的岗位信息、就业创业扶持政策及大学生的求职信息都在这个统一的系统发布。先完善系统快速筛选和分析数据的功能，再对人才相关数据进行汇总，最终实现系统数据利用最大化、信息共享的目的。二是重新组合、联通人社业务系统。将现有人才服务与就业、社保、培训、劳动关系等相互融合，建设以人力资源多项服务内容为支撑、以大数据库为载体的多元化、全方位人才服务信息网络系统。实现就业与人力资源系统之间的密切联系，有利于实现数据共享及交换，进一步推动信息服务一体化发展。

4. 注重信息的互联互通

按照国家、地方对就业数据的信息标准规范，注重信息之间的互联互通，就业信息平台要与各级政府相关就业信息平台、重点企业信息平台、学校就业管理平台等互联互通，建立面向毕业生的就业岗位和信息数据库，毕业生通过平台可以全面地了解各类就业创业政策、用人单位的招聘信息等，避免"信息孤岛"现象的发生。

（二）创新就业数据信息应用

大数据能够帮助高校掌握学生在整个培养阶段的情况，让学生进行交流互动，增强就业意识，提升就业能力，增加就业主动性，满足市场需求。当前的就业数据信息应用主要是对就业信息内容进行分析和汇总，并没有对收集的就业信息进行进一步的加工以获取更有价值的新信息，更没有实现对就业数据信息的有效运用。因此，在应用就业信息的过程中要增强对就业数据信息的整合和分析的意识，统筹协调、采集就业数据信息，加大对信息的研究力度，最大化挖掘信息的价值。

1. 保证数据信息的完整性和真实性

毕业生在择业以及就业的过程中，需要真实而实用的就业信息。各高校对于就业信息的完整性和真实性应高度重视，凡是通过学校发布的招聘信息和进学校招聘的单位必须向学校提供单位的营业执照、企业法人身份证等相关证明，学校对用人单位的真实性和资质审核后，才能作为有效的就业信息进行公布和使用。就业信息实用性也是就业信息采集和利用时需要非常重视的一个方面，随着就业信息日渐丰富，可以通过多种渠道获得完整的就业信息，就业信息获取后需要进行分析、整理才能加以利用。

2. 分类管理就业信息

就业信息是一个双向多渠道的信息构成，既体现了毕业生的就业意愿，又反映了用人单位的需求，还能从中了解到社会经济的发展对于人才需求的变化。各级政府就业指导部门、高校应主动建立与其他社会经济发展数据信息的关联，将国家宏观政策、经济发展趋势、区域发展规划、产业发展现状等作为就业数据的重要参考指标进行分析，准确把握就业形势，为毕业生提供有效的就业信息服务。就业信息采集之后必然会有一些内容不适合本校学生的需求，因此，高校要根据各个专业学生的需求进行分类、整理，保证信息的真实性，如针对当前大学生就业过程中专业性和区域性的矛盾，对信息进行专业性和区域性整理。有目的地对信息加以筛选处理，使获得的信息更加准确、全面和有效，为毕业生选择职业提供重要依据。

3. 分析就业数据信息

各级政府就业指导部门、高校负责就业工作相关人员在对就业需要的基本信息采集、整理和分析时，应结合当前经济社会发展的实际情况，及时把握人才市场的变化趋势，同时争取扩大信息采集领域。职业数据信息尽可能涉及更多的领域，提升各专业的职业信息分析水平，为学生提供科学有效的就业信息服务，引导毕业生树立正确的就业观，帮助毕业生积极地参与就业，为今后的工作开展打下良好的基础。同时，在分析过程中，不仅要注重数据信息的显性指标，更要注重数据信息背后所折射出的如毕业生就业意向变化、人才需求变化、毕业生就业特征等深层次问题。

4. 预测就业相关趋势

预测是大数据的重要功能之一，通过对历届毕业生就业数据信息的分析，可以预测相应专业的就业趋势，可以让大学生及早把握就业形势，及时调整就业心态。同时也可以让高校尽早开展有针对性的就业指导工作，为毕业生就业做好相应的服务准备工作。对就业相关趋势的预测，可以通过政府就业管理部门提供的相关政策，了解国家相应的就业政策；可以通过国家就业方针政策，了解各地区的劳动力市场状态和职业需求状况；可以通过网络、报刊、自媒体等媒介了解就业市场的最新动态，了解具体的职业信息资料。这些媒介中的职业信息在一定程度上反映了企业的需求，对毕业生求职有着重要的引导作用。然后，对这些数据进行分析和整理，预测就业相关趋势，如预测相关行业对培养的专业人才的供求及其所在区域对人才的需求趋势，从而帮助毕业生及时转变就业方向，实现更合理就业，帮助高校根据市场需求及时调整人才培养方案。

（三）健全就业工作信息化服务专业队伍管理机制

1. 建立专业的就业信息化队伍

高校的就业工作具有一定的共性，就业信息化平台建设需要根据自身就业管理模式不断完善和优化，在建设过程中既要坚持自主研发，又要适度依靠外力来保障就业信息化建设的顺利实施，这需要建立一支专业的就业信息化工作队伍。首先，建立由校领导分管和负责的工作领导小组，开展统筹协调就业信息化建设工作，全面推进整个就业信息化建设工作；其次，可在就业相关部门设立专岗，引进具有计算机、数据信息分析相关专业的人才，通过适当的培训，使其能将专业知识与就业管理相关知识融合，有效负责就业信息平台的开发和日常维护；再次，鼓励学校计算机专业教师或具有相应软件开发、数据信息分析知识的教职工参与学校就业信息化建设，利用各类政策调动其积极性；最后，引进专业职业测试系统，与网络就业指导机构加强合作，丰富信息化平台的功能。

2.强化就业信息化工作者信息化学习

加大就业信息化工作服务队伍建设力度，充分提高就业信息化工作者的主动性。培养一支专业化的就业信息化工作服务队伍，队伍成员不仅应具有相应的就业知识，更应具有一定的数据信息分析能力。强化就业信息化工作者信息化专业的学习，特别是数据信息分析方面知识的学习，不断提高其网络应用技能和开发经验，有效利用信息化手段处理就业相关问题，充分发挥促进毕业生就业潜能，为深化就业信息化建设提供更加有力的保障，更好地完善就业服务工作。

（四）完善就业信息化服务平台功能

在大数据背景下如何更好地利用信息化手段为就业工作服务，构建更加高效务实的就业工作服务体系、完善就业信息化平台的服务功能是当前就业工作的重要内容之一。

1.有效利用各类媒体平台

大数据技术的飞速发展，提高了就业信息的时效性和有效性，也对就业管理工作提出了新要求。充分利用各种媒体平台，加强就业信息化网络建设是提高就业信息服务工作的基础。各类媒体平台因其较强的时效性和优良的互动性，能为毕业生提供快速有效的就业信息服务。通过学校就业信息网、QQ、微信等媒介，学校可以组建就业信息交流互动群，方便毕业生实时了解就业信息；就业工作指导人员可以及时掌握毕业生的思想动态，随时为毕业生解答疑惑，指导毕业生进行求职等。

2. 建立人职匹配动态数据库

高校建立包括就业意向单位性质、地域、待遇要求等信息的动态数据库，通过就业数据的分析掌握每一名毕业生的状况，了解毕业生专业与社会需求的吻合度，建立服务档案，实现更有针对性、个性化的职业指导和服务，使就业服务工作服务于学校人才培养全过程。根据数据库信息，各级政府就业指导部门与高校保持密切联系，与高校共同努力，实现精准帮扶"无死角"。对有就业意愿且尚未就业的学生实行"一生一策"动态管理，对未就业毕业生进行"一对一"动态跟踪，针对需求精确推送职位信息，通过个体咨询、职位推荐等方式帮助学生实现就业。

3. 精准推送就业信息

高校充分利用就业信息网站搭建毕业生、用人单位和学校就业信息交流的平台，实现信息资源的共享和有效配置。健全学校、院系两级的就业信息精准推送机制，学校相关部门和院系明确任务分工，层层抓好落实工作。该工作需要依靠毕业班就业辅导员去了解每一名毕业生的就业状态和方向，并详细记录毕业生求职地域、意愿、薪水等就业意向来实现。同时，学校在准确掌握用人单位性质、工作内容、招聘条件等招聘信息的基础上，做好毕业生数据库与用人单位岗位需求信息数据库比对，智能化匹配学历、专业、地域等关键词，为高校毕业生及用人单位精准推送符合要求的供需信息。

4. 信息化建设工具多元化

随着大数据技术的发展，信息化建设也呈现出多元化、创新化的发展势头，各类新兴软件具备强大的服务功能，毕业生可以及时接收就业信息，参与学校整个就业工作开展过程，进行交流与探讨。大数据技术的发展也丰富了信息的传播方式，信息的传播不只是依赖电脑，智能手机、便携式平板电脑、智能可穿戴设备都已经成为信息传播的媒介；而信息平台也不再局限于互联网站，QQ、微博、微信等各种 APP（应用程序，Application 的缩写，一般指手机软件）成为新的信息平台，能更加方便、快捷地传播信息。借助于这些平台，求职者可以随时随地浏览信息、投递简历、提问交流等，企业人力资源部门可以随时发布信息、筛选简历、回答问题、视频面试等，极大地提高了求职的成功率。

面对大学生就业方式的多样化，学校将完善毕业生就业服务信息化平台作为解决当前大学生就业问题的措施之一。依据毕业生对学校现有的就业指导平台的反馈，提出在网络大数据背景下完善就业指导平台的对策。利用网络大数据及时了解当前大学生就业状况，把握市场对人才需求的动向，从而将信息化技术充分融入就业平台中，逐步挖掘发展该平台的新思路和新方法，进而实现高效服务毕业生就业的目标。

第三节　大数据时代下高校学生就业实际案例分析

一、实际案例分析之一——西部高校大学生就业路径探究

教育部公布的数据显示，伴随中国 20 多年教育体制改革的发展，高校大学生的在校人数已经从 1997 年的 317 万增加到 2021 年的 4430 万人，而 2022 年的毕业生人数预计达 1076 万。庞大的就业群体已经成为国家相关部门和社会各界学者研究的重点。

（一）西部高校大学生就业存在的问题

1. 就业意识模糊

西部高校的毕业生大多存在个人职业定位不准确、就业意识模糊等情况。具体表现为以下几个方面：（1）大多数学生会将就业方向放在一些需要经过考试、面试的单位，例如公务员、事业编等，对其他单位普遍不了解也不想了解；（2）学生在选择就业地区时，会将省会城市或二级地市级城市作为目标就业地区，对西部较为偏远的地区几乎不会考虑；（3）在就业职位的选择方面，大部分学生会考虑管理性工作岗位，而不愿意从事基层服务性工作；（4）毕业生趋利性较强，在寻找工作时更看

重短期待遇，很少考虑具有长久发展空间的岗位。

2. 就业环境研判不深

目前，西部高校毕业生就业存在着结构性失业和周期性失业的现象，且这种趋势在不断扩大。一方面是每年会有大量的高校毕业生走入社会，另一方面是市场与毕业生的匹配度不高、毕业生在岗位上的流动性较强，这就使得"求职难与招工难"现象凸显。高校毕业生只有对当下就业环境有了较为充分的了解之后，才能很好地应对就业问题。具体来说，学生需要知道的是目前人才市场有关供求方面的情况，明白当前市场供远远大于求和当前高校毕业生数量仍在不断攀升的现状。因此，高校毕业生需要在毕业前就具备完善的研判能力，对自己将要就业的环境十分清楚；同时认识到"求职难与招工难"的突出问题、一些行业和地区存在的结构性失业问题。以上多种因素对高校毕业生提出了更高的要求。

3. 就业途径有限

目前，高校毕业生一般就业途径包括公务员、考研、应征入伍、银行、司法干警考试、各级事业单位公招考试、私营企业、自主创业等。从理论层面上看，就业路径有很多，但真正能够报考的岗位却少之又少，因为大多数的岗位对毕业生提出了各种限制条件，只有一小部分毕业生具备报考资格，而且从近几年统计的数据来看，西部地区的真实有效就业岗位远远不能满足学生需求。西部高校毕业生就业质量不佳的主要原因是该地区的经济较为落后，工业发展形势较差，企业成长相对迟缓，造成了高校毕业生选择在该地区就业的人数较少，这些情况直接造成了高校毕业生就业压力的加大，各种就业竞争也更加激烈。

（二）大数据技术对于就业信息数据分析平台建设的作用

当前大数据作为国家统计的重要技术手段，已经广泛运用于各行各业，得到政府主管部门、相关行业及个体企业的高度重视。大数据应用于教育教学中所获取的成果也明显增多，它必定是高校教育教学改革的重要推动力，也必定对高校毕业生就业指导起到一定的作用。

1. 协助大学生就业定位

多数学生及其家长存在就业最好找"铁饭碗"的思想，他们的这种思想并没有随着时代的发展而发生变化。部分人仍认为持有大学文凭就理所当然从事体面、轻松、高薪的工作，殊不知现在大学生遍地都是，他们已不被看作天之骄子，因此，不会像之前一样倍受重视，大多数人只是具备一定文化素养的社会普通劳动者。学生和家长所期望的工作岗位逐渐变少，岗位要求不断提高，这是高校毕业生始料未及的。通过就业信息数据分析平台可以让大学生及家长准确了解全国应届毕业生的数量及本人所学专业学生的准确数量。与此同时，还可以查询到依据专业就业的人数，由于该数据较为准确，可以让学生及家长意识到并不是只要毕业就能找到对口的工作，让他们学会直面当前的就业现实；借助大数据技术还可以让学生了解相关专业岗位分布的区域和行业相关情况，使他们对自己的就业方向和就业地区有更清晰的了解，从而较为灵活地进行就业定位；毕业生借助大数据分析平台还可以获取岗位及薪资待遇等相关信息，有利于学生了解将来所从事行业的薪酬情况，不至于让自己处于一无所知、好高骛远的状态；并且通过大数据技术，可以将自己与录用入职的毕业生的相关情况进行对比，进一步评估自己是否满足应聘岗位的要求，学历、成绩、综合素质等各方面有哪些欠缺，从而对自己有一个明确的定位，不盲目自信。

2. 准确显示全国招聘岗位

我国的就业平台大致可以划分为政府平台、高校平台、公益平台、中介和企业平台。其中中介和企业平台可以显示各地区、单位的招聘信息。目前，除了58同城、BOSS直聘、前程无忧、智联招聘等是全国性的招聘求职平台，其他平台都是有区域限制的，这种情况势必不利于国家相关部门全面掌控就业信息，并且会出现诸如人才流动差异较大、人才优势无法显示等问题。完善的就业信息数据分析平台可以将全国的就业数据进行统一管理，根据行业、岗位、地区、薪资、招聘条件等将招聘岗位逐一显示，并且设置筛选功能，学生和家长可以通过平台的筛选功能准确查询全国各岗位的情况；通过就业信息数据分析平台对全国招聘岗位的显示也可以判断全国经济的活跃情况、吸纳就业情况及未来的需求情况，从而有利于毕业生对地区经济发展和岗位作出研判。

3. 准确提供历届毕业生就业情况

高校毕业生就业定位不明确的原因之一是缺少参照物，学生往往对自己的能力、综合实力没有一个较为客观的认识。另外，有些学生属于独生子女，对自己的认识更是片面。当然其中存在一类学生对自己极度不自信，具体表现为就业定位偏低。通过就业信息数据分析平台，一是可以帮助学生了解本专业毕业生的就业率，这与高考志愿填报类似，可以依据自己的成绩来选择学校，就业同样可以利用这种方式，具体可以是拿已毕业学生的就业情况来对照自己专业的相关情况来选定就业单位。二是学生通过数据查询，利用历届毕业生就业的情况来完善自己的专业知识和技能，帮助学生做到查漏补缺、有的放矢。

4. 有助于大学生实现精准匹配

基于提倡精准就业的背景下，高校如何实现精准就业已成为当前教育工作者所关注的焦点。精准就业的实施离不开大数据的支持，这就是高校争先恐后引入大数据的原因之一。高校毕业生一般通过参加学校、政府、企业的招聘会来进行择业，但招聘会上毕业生面对的招聘单位类型繁杂、参加人数多，毕业生不知道选择怎样的单位进行简历投递，并且也不确定什么样的单位最适合自己；同时招聘单位看到海潮般的学生也不知如何选择，学生和用人单位的效率都不高。通过就业信息数据分析平台将学生和单位的供求意向进行匹配，再利用信息技术将符合供求意向的学生和单位进行互推，进而实现学生精准就业、单位精准择人的目的，大大减少了盲目性选择所带来的大量时间的浪费，这才是真正意义上的精准匹配。

（三）基于大数据技术的就业信息数据分析平台建设的建议

1. 多方联动建立就业信息数据分析平台

建立全国共享的就业信息数据分析平台是一个宏大的工程，必须由人社、教育等政府主管部门牵头，高校、企业、社会团体等联合参与，共同组建一个共享、共融、共同维护、共同监督的集信息发布、数据统计、调查跟踪等于一体的就业信息数据分析平台。平台必须秉持共享、快捷、免费、准确、权威等原则，而且也要有分层管理制度作为支撑；平台采取实名认证方式注册使用，确保系统的各种信息真实有效；平台还应该与数字媒体相结合，让使用者方便快捷使用。另外，平台若是能够与微信、手机短信等结合，则可以通过利用大数据计算原理，实现双向推送，真正把单位和学生需求的匹配信息推送到手机；平台还可以实现对数据的深入分析，了解当前岗位的空缺情况，国家主管部门依据数据及时对专业招生做出调整，实现供求的无缝对接。

2.高校要提高对就业信息数据分析平台的重视程度

高校是就业信息数据分析平台的重要建设者之一，是平台能否得到有效推广的关键。近几年，全国高校在校生已超过4000万人，每年毕业生近1000万人，并且每年毕业生数量呈上升的趋势。目前，大数据的部分数据零散，不具有系统性和完整性，因此，就业信息数据分析平台的建设成了高校的必要项目。将大学生的就业信息集中在一个平台，通过平台可以追踪到学生整个学业期间的信息，包括学籍、成绩奖励、社会实践、综合素质、就业意向、技能证书等；高校就业部门应建设并逐渐完善平台，积极推进"一站式"网上办公，让更多涉及毕业生就业的工作更加方便快捷；借助平台对每年毕业生的就业情况进行实时跟踪，及时准确掌握学生的动向，真正做到"离校不离心，服务不间断"。

3.采取强制措施将企业招聘嫁接就业信息数据分析平台

企业为大学生提供应聘岗位，就业信息数据分析平台离不开企业的参与。因此，相关管理部门应当要求"企业依据实名注册制度加入平台"。要求企业安排专人负责平台的注册与维护，将企业简介、税务、规模、营收、保险等涉及企业概况的信息都在平台上集中呈现，以方便学生全面了解企业。进一步整合各种平台资源，具体要求是：企业的岗位招聘信息必须经过平台才可以发布出去，做到平台信息与企业网站信息的同步，切实保证平台信息的及时、真实、可靠，企业可依靠平台的精准匹配时时接收平台推送的各种信息。

就业信息数据分析平台建设是一个庞大的数据工程，不能一蹴而就，它需要国家、政府、学校、企业共同携手打造，是一个需要共同维护及共同监督管理的多系统集成的工程。与此同时，它也是国家实时掌握高校毕业生就业动向的一个工具，是为国家发展战略提供数据支持的平台，更是大学生普遍实现就业的必然选择，可谓"功在当代，利在千秋"。

二、实际案例分析之二——高校就业资助精细化管理体系

解决高校毕业生就业问题的方法之一是就业资助，即帮助家庭经济困难的学生实现精准脱贫。通过提高贫困生的就业能力，从而提高贫困生的就业率和就业质量，进而帮助贫困生实现脱贫。高校在执行就业资助过程中，关键是要建立完备的就业资助精细化管理体系，该体系需要以现代化的技术作为技术支持，大数据技术的引进对设计就业资助精细化管理体系具有十分重要的意义。

针对家庭经济较为困难的学生，高校给予资助，是高校教育中的既有内容，也体现了教育公平的理念，在一定程度上关系到社会稳定以及高校的教学质量的提高。然而，对家庭经济困难学生仅进行经济方面的资助是不够的，资助应该是全方位的。为了使贫困学生真正脱贫，就需要提高该类学生的就业能力，尤其是对已经办理了助学贷款的学生来说，提高其就业能力可以帮助他们及时偿还贷款。所以，要将贫困生的帮扶范围延伸到就业当中，从家庭经济困难的学生入手，将这些学生的就业率和就业质量作为数据基础，建立完整且体系化的就业资助精细化管理体系。

（一）学生资助工作的现状

当前大部分高校已建立了贫困生资助体系，该体系为贫困生提供了多种资助途径和多种形式的帮助。然而，这类资助大多是以物质为主，针对贫困生相关数据的分析还没有较为深入、详细的记录，并且高校所建立的资助体系并不是十分成熟。深究其原因可知，这类体系没有设立一个或多个较为精细的扶贫目标，影响了体系的精细化发展。因此，建设一个贫困

生就业资助精细化管理体系就成为高校实施帮扶政策的必要路径，该体系关系到帮助家庭经济困难学生顺利实现就业的问题，一定程度上改善其家庭经济困难现状。

一部分高校虽然已经搭建了就业资助精细化管理体系，但是该体系缺乏较为有效的技术支撑。在就业资助体系中，最为基础的一项是通过建立家庭经济困难学生信息管理平台来对数据实现管理和分析，因此，需要先进的信息技术手段作为支撑。

（二）大数据技术对于就业资助精细化体系建设的作用

近年来，随着大数据技术的发展和不断成熟，其已广泛应用于各个领域的数据分析。在建设就业资助精细化管理体系过程中引入大数据技术，这将对高校展开资助工作起重要作用，从而达成精准扶贫的目标。具体而言，大数据技术对于就业资助精细化体系建设有如下几点作用。

1. 使得大量异构数据的存储成为可能

大数据技术的引入使家庭经济困难学生相关信息的管理和分析从"大体情况"转向"具体事项"，在信息多维度全面采集的基础之上，进行更为准确的分析，这就使得高校对于家庭经济困难学生的精准扶贫成为可能。高校资助管理部门可以建立贫困生信息管理系统管理学生数据，再利用大数据分析技术对家庭经济困难学生的个人数据进行分析，从而全面掌握学生的情况，根据每位贫困生的实际情况采取对应的资助措施，进而加强资助工作的针对性，这在一定程度上提高了资助工作的效率和实效，使得资助工作更能贴近家庭经济困难学生的实际需求，切实解决学生的实际问题。

2. 使困难生信息动态管理成为可能

大数据技术的优势之一是可以对数据进行高速的分析。在对信息进行收集存储后，可以对信息进行高速分析，从而实现对家庭经济困难学生相关数据的动态掌握。高校通过家庭经济困难学生信息管理平台，经过对学生数据的动态分析后，展开一系列的资助活动，这将提高帮扶学生的有效性和针对性。

3. 使贫困生帮扶成为可能

高校家庭经济困难学生信息管理平台通过应用大数据分析技术和可视化技术，使得学生数据信息呈现得更为形象、具体，进而使得资助措施可以有针对性地实施，使一对一的精准资助帮扶成为可能。例如，贫困生在就业指导工作人员的帮助之下，可以获得在就业方面的帮助；对于存在心理问题的贫困生，可以请心理咨询中心的工作人员为其提供心理疏导等相关援助。

（三）基于大数据技术的就业资助精细化管理体系建设的建议

1. 部门协作，完成基础数据采集

大数据分析的数据采集工作需要多个部门和相关人员共同合作来完成，例如就业指导部门、教务处、辅导员等。高校资助管理部门负责家庭经济困难学生信息管理平台的管理和维护，例如数据的收集与整理及存储，即统计学生的基本信息、家庭经济状况、家庭收入来源、导致家庭经济困难的原因等数据。这些数据主要靠家庭经济困难学生的辅导员和班主任通过和贫困生谈心谈话来深入细致地了解，或者从家庭经济困难学生身边的其他同学那里了解。教务处负责收集家庭经济困难学生各科学习成绩的相关信息及其选修情况。就业指导部门负责家庭经济困难学生就业规划、就业方向测试等内容，并获取学生的就业心理状况、就业预期薪资、就业期待职位、就业期待地域、就业期待岗位等方面的统计信息。心理咨询中心则是通过与家庭经济困难学生谈话进行心理评估，以此来了解学生的心理状况。通过扩大数据的来源范围、扩宽数据的维度，才能做到全方位了解贫困生的相关状况，才能提高数据的准确性。各部门在收集学生数据时，数据可能会存在杂乱等现象。因此，不能直接用于数据分析，还需要对数据进行整合、加工和处理。

2. 通过大数据技术进行关联分析，开展精准帮扶

通过大数据技术进行关联分析，筛选重点人群，对贫困生进行分类，在分类的基础之上开展精准帮扶。

在前面对数据进行整合、加工和处理的基础上，对数据结果进行聚类

分析。将符合不同特征的家庭经济困难学生人群划分为不同的类别，对不同类别的家庭经济困难学生采取不同的资助措施。例如，针对存在心理问题的毕业生进行心理交流、心理干预，可鼓励学生到基层就业，帮助学生冲破心理防线，令其信心倍增，然后再鼓励该生进入职场竞争。针对缺乏就业技能的学生，提高学生职业技能，在必要时可以向这类学生提供一定的技术帮助，例如简历的制作、模拟面试等。对一部分特别贫困的学生要提供经济资助，在条件允许的情况下，向专业对口的企业推介贫困生，帮助其尽快就业，缓解家庭的经济困难状况。

3. 形成可视化的表格或者图表，帮助贫困生完成认定工作

大数据技术对数据进行整理之后，使大量的数据变得具有逻辑性、系统性，这便于保障贫困生相关数据的准确性及真实性，为资助管理部门进行贫困生认定工作提供依据。

对高校贫困生资助工作现状展开分析，可以看到其中存在的问题。目前，高校的家庭经济困难学生资助形式一般是物质资助，没有建立起全方位的较为成熟的就业资助体系。现有的贫困生资助体系并没有有效技术作为支撑，同时在进行贫困生认定工作中，在很多维度也缺乏量化数据的支撑，因此，考虑在就业资助精细化管理体系的建设过程中引入大数据技术。大数据技术的利用使得不同类型数据的存储、贫困生信息的动态管理及贫困生的针对性帮助成为可能。建设基于大数据技术的就业资助精细化管理体系的过程中应重点注意三个环节：第一是用于大数据分析的基础数据的采集，这一工作需要多个部门配合完成；第二是利用大数据的关联分析对贫困生进行分类，实施精准帮扶；第三是将大数据分析结果的可视化处理用于辅助贫困生认定工作开展。

第七章 网络大数据对大学生创新创业的影响

　　创新创业是指在各个领域中通过知识挖掘、探索联系、归纳总结、预见未来，从而得出促进超前发展的成果，进而将这种新成果应用到实业中。创新创业精神是大众创新和经济增长的驱动器，提升高校大学生的创新创业能力是现代教育行业的发展趋势。网络大数据是促进创新创业的最新驱动力，对推动我国教育行业的创新创业迈向新台阶起到了重要作用。在网络信息技术飞速发展进程中，如何进一步深化网络大数据在教育行业中的创新应用成为当下教育行业讨论的焦点。本章首先阐述了高校大学生创新创业的现状，分析了网络大数据对创新创业的影响，进而提出对策建议。其次，针对大学生的创新创业途径进行相关论述。最后，介绍了网络大数据在高校创新创业中的实际案例。

第一节　网络大数据对大学生创新创业的影响

一、大学生创新创业的现状

　　创新创业是指大众创业、万众创新，简称为双创。1990 年，美国麻省理工学院举办首届创业计划竞赛，从此，美国的许多高校开始举办创业计划大赛。目前，麻省理工学院、斯坦福大学与加州大学伯克利分校的创业计划大赛最具影响力，许多大公司（如 Yahoo）都是从斯坦福大学的创业计划大赛中诞生的。国外高校的创新创业研究内容十分丰富，且研究力度在不断加大，美国、英国等国的创新创业活动是世界上最为活跃的，且这些国家的高等院校已经建立起了十分完备的大学生创新创业机制。

1999年举办的"挑战杯"中国大学生创业计划竞赛，是我国首次引入创新创业这一概念。之后我国相继出台相关的政策，如免费创业培训政策、创业扶持政策、行政收费优惠政策、创业实体注册条件放宽政策、吸纳就业奖励政策、税收优惠政策、金融信贷扶持政策、社会保险优惠政策等，显然创新创业已经成为当下高校关注的热点。大学生创新创业是指大学生通过对自己专业或是特长的研究，利用自身的创新创业能力和资源，为自己的事业开辟出一个新出路。目前，相关学者对我国大学生创新创业的研究大多集中在创新创业现状及其存在的问题上，而对如何推进我国创新创业工作机制改革的研究较为匮乏。

二、网络大数据与创新创业的关系

1. 网络大数据促进创新创业发展

网络大数据在一定程度上推动了社会发展，促进社会发展新模式的产生。基于网络大数据而发展起来的企业，例如阿里巴巴、华为、百度等互联网技术公司，充分利用网络大数据，全方位挖掘与之相应的商业价值，从而推动新型商业模式的形成。教育行业通过对网络大数据的应用和开发，也可以创造出新价值，例如，通过对社会资源及行业、技术等展开分析，充分挖掘促进教育行业发展的内容，从而实现创新创业的发展。

2. 创新创业强化网络大数据应用

网络大数据平台突出的价值是应用价值，而创新创业是对网络大数据平台的应用。通过对网络大数据的应用，扩大高校创新创业发展空间，从而增强学生的创造力、创新力和应用能力，培养学生的逻辑扩展能力和想象力，进一步提升创新创业和网络大数据之间的契合度，推动网络大数据的持续发展。

三、网络大数据背景下大学生创新创业的重要性分析

大数据技术的发展不仅影响着社会经济的变革，也为大学生创新创业活动提供了广阔平台。大数据既是一种思维方式的转变，也是一种经济模式的变革。我国"十三五"规划中明确提出，"要激发创新创业活力，推动大众创业、万众创新。落实高校毕业生就业促进和创业引领计划，带动青年就业创业"。进入"十四五"时期，也要"深入推进大众创业、万众创新，继续强化对大众创新创业的政策支持，为创新创业营造更优良的发展生态，从而激发市场活力，促发展、扩就业、惠民生"。大学生创新创业的发展对我国经济和社会各领域的发展具有促进作用，是我国创新驱动发展战略的重要组成部分。

1. 有助于化解大学生就业难问题

就业困难问题是全球绝大多数国家普遍存在的一个问题，我国也不例外。近几年来，我国高等教育规模不断扩大，这个过程中大学生群体的就业压力也不断增大，就业形势日趋严峻。全国高校毕业生人数逐年增加：2022 年的毕业生人数预计达 1076 万人，同比增长 167 万人。如果大学生就业难问题长期得不到解决，就很可能从一个经济问题转向一个敏感的政治问题、社会问题，最终必将影响到国家经济发展、社会安定。信息就业理论表明劳动力市场上的信息因素是影响就业的关键性因素之一，待就业者获得劳动力市场上的信息越充足，掌握的技术越高，这就意味着待就业者可以越早实现就业。在大数据时代，大学生们掌握更充足的大数据知识与技术，具有更高的创新意识，因此，可以更早地解决就业问题，不仅可以解决就业问题，还可以实现创业，给社会提供更多的工作岗位。

大数据、云计算、物联网、区块链等新兴技术的快速发展，给大学生们带来了更多的创新创业机会。2022 年 3 月，由中国传媒大学创新创业教育中心联合世界知名风投机构 500 Global 共同编制的《2021 中国大学生创业报告》正式发布，报告对来自全国 275 个城市、1431 所高校的13742 名大学生进行调研，归纳总结了 18 个问题的统计结果。根据 10791份有效问卷数据显示，本次受访大学生中，96.1% 的人曾有过创业的想法

和意愿，14% 的人已经创业或正在准备创业。其中，新一代信息技术（5G/区块链 / 云计算 / 大数据）和互联网 / 移动互联网是大部分大学生看好的创业领域。大学生选择自主创业不仅可以解决大学生自身就业问题，同时还创造了新的就业机会。大学生进行创新创业具有很大潜力和发展前景，因此，鼓励和支持大学生利用大数据创新创业，对于激发大学生创新创业活力，缓解大学生就业压力具有重要意义。

2. 有助于推动我国经济转型，实现高质量发展

2008 年发生的金融危机带来失业和经济萎靡等问题，再加上当前我国经济进入深度调整（经济结构处在深度调整、经济增长动力处在深度转换）时期，因此，我国必须落实大数据发展行动计划，推动创新驱动发展战略，加快大数据等新信息技术与经济和社会各领域相融合，提高我国社会经济的整体实力和竞争力。随着新一代信息技术蓬勃发展，以互联网、大数据为代表的信息技术与传统行业相互渗透、融合，给进入"新常态"的中国经济社会发展带来新的机遇，我们应抓住这次千载难逢的机会，谋求新发展，使我国经济发展速度逐步保持中高速，打造提质、增效、升级版的现代化国家。

创新创业是推动人类文明进步的不熄引擎，始终是社会经济进步的重要驱动因素。"大众创业，万众创新"作为推动经济发展"双引擎"。"双创"是以创业创新带动就业的有效方式，是实现新旧动能转换和经济结构升级的重要力量。鼓励和支持创新创业，可以实现中国经济的高效率发展，因此，大数据创新创业成为我国经济发展过程中最具活力的构成。大数据创新创业将对我国产业结构升级产生巨大的推动作用。创新创业者的初创企业通常走在新技术、新经济的前沿，他们是创新创业实现市场化和产业化的主要实施者，对于保持我国经济增长的高品质和可持续起到积极作用。大学生是大数据创新创业模式的重要参与力量，在大数据背景下，大学生进行创新创业，对于实现我国经济结构调整、产业结构转型升级、经济增长保持较高速度具有重要意义。

3.有助于促进大学生多样性发展

大数据创新创业使大学生的就业方向多了一个选择。在如今环境下，大学生毕业时一般有两个选择方向——就业或者创业。就业与创业最大的区别就是创业的自主权更大，一般情况下创业者有权对自己的企业进行经营和管理，这样使得大学生的才华可以得到充分施展。因而，通过创新创业实践可以让大学生锻炼自我，在大数据时代实现自身的价值。

首先，大数据创新创业可以激发大学生自身活力与潜能。实践证明，在大数据时代，大学生是最有可能掌握先进科学技术的创新创业人才，通过创新创业活动，可以使大学生个人才华得以充分展现，自身潜能得以充分发挥，从而促进大学生个人的全面发展。因此，在大数据时代要积极鼓励和支持大学生创新创业，只有这样才能充分激发每一名大学生的活力，充分释放每一名大学生的潜能。

其次，大数据创新创业能够激发大学生不断提高自身素质，为大学生施展抱负提供更加宽广的舞台。大数据时代要求每个大学生创新创业者都要结合自身实际，不断吸取新知识、增长新才干，在创新创业活动中不断提高自己的综合能力和实践水平，进而提高自身综合素质。创新创业精神是实现中华民族兴旺发达的重要支撑，是民族精神和时代精神在当今时代的具体体现，是大学生创新创业成功的强大推动力。一个具有创新创业精神的人，更具积极性、更富创造性，更能够锲而不舍、迎难而上、克难攻坚。大数据为大学生创新创业者们提供了一个施展才华和提升自我的宽广舞台，大数据正在引领年轻人筑梦青春，演绎一个又一个时代传奇。

四、网络大数据背景下大学生创新创业的机遇与挑战

创新是引领发展的第一动力，促进移动互联、大数据、云计算、物联网等的广泛应用，加速大数据与传统行业的深层融合，推动新兴产业快速增长，打造中国经济发展新引擎。以大数据为代表的这些新技术、新业态、新产业，可以为传统产业的改造升级创造条件。毫无疑问，大学生是最具创新思维与创造活力的群体。在全社会创新创业浪潮的驱动下，中央和地

方各级政府以及高校积极出台各种鼓励和支持大学生创新创业的政策措施，大大激发了创新创业者们的热情。新一代信息技术的发展深刻影响着社会经济的发展，为大学生创新创业活动提供了无数新机会。加快新一轮创新创业发展，必须把握好大数据这一机遇。机遇与挑战并存，大数据给大学生创新创业带来机遇的同时也伴随着很多挑战。

（一）网络大数据背景下大学生创新创业的机遇

目前，我国依然处于互联网技术革命时期，该时期催生了大量的创新创业机会，推动创新创业浪潮继续扩大。创新创业成为一个国家经济发展的重要动力，一个国家要想在激烈的国际市场竞争中长期保持强劲的竞争力，必须依靠创新驱动发展，必须要求创新创业活动普及、活跃，这也是顺应新一轮技术革命的要求。在这个时代背景下，大学生成为大数据创新创业的最大受益者。

1. 大数据为大学生创新创业提供了新选择

大学生大数据创新创业与传统行业的创业相比，所需要的条件和环境有所不同。互联网经济需要的前沿技术以及互联网企业独特的发展与经营模式，为实现大数据视域下大学生创新创业提供了更多的选择。

第一，大数据为大学生创新创业提供了新平台。大数据、云计算、物联网等新技术的发展全面推动了大数据与传统工业生产以及农业生产深度融合，为实现我国产业结构升级带来了新的机遇，增加了当代大学生创新创业机会。随着政府、社会和高校等各个层面对大学生大数据创新创业的支持和鼓励，越来越多的大学生投身到大数据创新创业事业中来，涉及农业、医疗、服装、食品、生鲜等众多领域。大数据创新创业与传统创业相比，不是"颠覆"，而是"融合"与"互补"，大数据为大学生们的创新创业活动提供了新的平台。

第二，大数据为大学生创新创业提供了新模式。如今的创业不再是传统的单打独斗的状态，参与产业生态资源共享成为新的需求，联合创业成为创新创业的新模式、新引擎。众创空间的出现促进了联合创业的实现，为大学生们创新创业提供资源共享服务，大大提高了大学生们创新创业的成功率。

第三，大数据为大学生创新创业提供了新市场。随着信息技术的发展，人类社会开始向智能化社会过渡。以技术创新驱动社会经济发展，成为国家发展的必然选择。创新是引领发展的第一动力，创新创业者要积极培养创新思维，这样才能在竞争激烈的市场中获取一席之地。创新创业只有立足市场需要，才能清楚合理地发现创新创业成功所需的各种必备资源。大数据时代的到来使得线上与线下相结合，国内与国外相融合，消费市场进一步扩大。大学生在大数据时代进行创新创业活动具有庞大的潜在客户群，拥有良好的互联网创新创业的外部环境。大数据与传统行业深度融合，激发出巨大的潜在市场，为大学生大数据创新创业提供了广阔的新市场。

2. 政府为大学生"互联网＋"创新创业提供了政策保障

面对就业难问题，以创新带动创业、以创业带动就业已经成为全社会的共识，中央和地方各级政府高度重视大学生创新创业，也积极支持和鼓励大学生进行创新创业实践。尤其在新一代互联网信息技术进步带动经济发展的背景下，政府出台了大量大学生创新创业优惠政策。创新创业，需要更具体的发展环境。在大数据时代，政府需要根据互联网背景下大学生的创新创业意愿，创新创业需求，创新创业形式的新变化、新特点、新动向，及时出台相应的措施和政策，以提高创新创业扶持的实效。

首先，政府出台了很多推动大数据行动计划落实的政策。大数据在2014年首次被写入《政府工作报告》，报告提出"大数据引领社会变革，是第四次产业革命"。2021年6月，我国正式发布《中华人民共和国数据安全法》，为大数据行业的发展保驾护航。2021年《中华人民共和国国民经济和社会发展第十四个五年规划和2035年远景目标纲要》中提出完善大数据标准体系建设。其次，国家陆续出台了很多有关开展大学生创新创业的文件，例如：《国务院办公厅关于发展众创空间推进大众创新创业的指导意见》《关于促进以创业带动就业工作的指导意见》《关于进一步做好新形势下就业创业工作的意见》《国务院办公厅关于深化高等学校创新创业教育改革的实施意见》《关于做好 2021 年全国高校毕业生就业创业工作的通知》等，从创新创业教育、创新创业培训与指导、创业融资、税收、创新创业空间建设等多方面进行指导。最后，教育部、团中央等也主持举办多种多样的大学生创新创业竞赛，如：中国青年创新创业大赛、"互联网 +" 大学生创新创业大赛、"创青春" 全国大学生创业大赛、"挑战杯" 全国大学生系列科技学术竞赛等。为真正落实大数据背景下大学生创新创业提供良好的政策保障。

3. 宏观经济环境为大学生 "互联网 +" 创新创业提供了良好的发展环境

如今人类社会正从工业化社会向以互联网为核心的智能化社会过渡，全球经济剧烈变动、人口结构改变及新科技不断涌现，创新创业面临巨大机遇。中国经济经过 40 年的高速发展，在这个过程中经济下行压力增大，经济增长动力转换、经济结构调整等问题也接踵而至，亟需寻找经济发展的新动能。大数据、云计算、工业 4.0、智能制造、3D 打印等新一代信息技术的发展成了推动经济发展的新动能，同时也为大学生大数据创新创业提供了良好的经济发展环境。在创新创业浪潮的推动下，我国已逐渐建立、发展、完善了一整套支撑大数据创新创业的新型商业服务体系，也搭建起了大数据时代背景下不同于传统产业的良好的创新创业环境。这是大数据时代给予大学生创新创业活动的独特机会。大数据视域下大学生创新创业有利于解放经济、激发经济发展活力，成为我国经济增长的新引擎，反过来经济发展的需要也进一步激发了大学生大数据创新创业的热情。

4. 大学生是 "互联网 +" 创新创业的生力军

"大众创业，万众创新" 已经逐渐成为我国社会发展的新常态，我国目前迎来的是创业黄金时代，这个时代让大学生在创新创业过程中充分发挥自身优势。

首先，年轻的大学生们充满激情与活力，对未来充满希望。初生牛犊不怕虎，这是一个合格的创新创业者应该具备的素质。刚进入社会的大学生勇于拼搏、充满干劲，敢于尝试新鲜事物，具有较强的社会适应性，能够全身心地投入创新创业活动中来。新一代的大学生对于大数据、云计算、物联网等新信息技术接受程度较高，对感兴趣的事物总是充满激情去体验，能够敏锐地发现市场商机所在。如今越来越多的大学生进行创新创业实践活动，正是源于他们的活力激情和勇于尝试的精神。

其次，大学生自主学习知识的能力比较强，具有较强的领悟力，思维活跃，创新意识强。他们善于接受新事物，能将所学的知识学以致用并一一内化为能力，外化为创造，能够从新鲜事物中发现潜在商机。用智力换资本，这是大学生创新创业者的特色，也是大学生创业的必然之路。大学生创新创业者应该紧跟时代的潮流，摸清大数据的脉搏，掌握最新信息技术，充分借助现代科技和传播手段。大学生想法新颖，他们的创新能力源于他们的创造性思维，一个人如果想要获得创新创业的成功，就必须具有一定的敏锐性、开拓性、创新性等特质。创意能力影响着创新创业实践的顺利进行，这种创新思维是大学生创新创业的动力源泉，是创新创业成功必备的素质之一，是创新创业成功的重要基础。

最后，大学生在知识方面比其他创新创业群体更具优势。他们接受过多年的在校系统教育，他们的知识储备较为丰富；他们掌握专业知识，专业能力和素质普遍较强，是一个具有较高知识层次的群体；同时大学生学习与适应能力较强，能够迅速学会新技能、新技术。因此，知识资源成了大学生创新创业的巨大优势。在"互联网＋"时代进行创业，要求创业者们具有一定的营销管理基础知识、计算机网络基础知识等。当代大学生是伴随互联网发展成长的一代，他们能够熟练地使用互联网获取所需的各种信息。这使得大学生们拥有更敏锐的观察力、强大的信息搜索能力以及对未来趋势的预判能力，这些能力能够使他们更加准确地找到大数据与传统行业的联结点，从而进行创新创业。这些都是大学生进行创新创业活动的自身优势，是大数据时代给予他们的独特机遇。

（二）网络大数据背景下大学生创新创业的挑战

任何事物都存在两面性。大数据时代给大学生创新创业者们提供了很多有利的机会。但不可否认，面对"互联网＋"这个新鲜事物，刚进入社会的大学生创新创业者们在"互联网＋"时代进行创新创业活动，确实还面临着许多问题与挑战。

1. 大学生创业经验少，创业资源匮乏

根据相关数据显示，阻碍大学生大数据创新创业成功的因素有经验不足、资源较少等。其中，大学生在创新创业中的经验不足，成为其面临的最大困境。

一方面，大学生们对大数据环境中创新创业的风险性和残酷性没有十分清醒的认识和准备。由于大学生创新创业的经验不足，对复杂且多变的市场环境无法做出正确判断，可能致使其对产品和服务定位不够精确。在创新创业领域选择上，大学生一般是选择与自己专业相关的领域或是与自己生活相关的行业，这会局限其创新创业的研究范围。没有经验的大学生在确定目标时往往不够清晰，在管理中缺乏战略规划，且无风险意识。大学生在决定创新创业活动之前，一般没有对市场规模、营销方式、产品价格等方面进行市场调查和研究，从而走了许多的弯路。大学生创业可能会取得初步的成功，但是创业存活率却较低。另外，由于创业经验少，使得大学生在大数据创新创业方面缺乏新意，模式雷同，容易在市场竞争过程中被淘汰。尽管大数据为大学生创新创业降低了难度，但是并不比传统创新创业轻松。

另一方面，大学生的创业资源匮乏，缺少相关部门的支持，如政府、社会和学校等部门的支持，这使得大学生在面对困难时缺乏信心，这是每名大学生在创新创业中都会面对的困境。例如，各大高校会举办各种创新创业大赛，但是学校却没有将学生创新创业的作品投入实践当中去。另外，各大高校的创新创业实习基地或孵化基地并不健全，致使学生很难从第三方获取有利的创新创业经验。

2. 政府政策不完善，配套措施不完备

随着大数据创新创业浪潮的不断推进，政府对学生的创新创业活动尤为重视，出台了一系列政策鼓励和支持学生大数据创新创业，但是从整体上来看，相关支持政策不完整且不成体系，存在的问题还很多。

第一，政策中没有具体的实施方案。政府出台的很多政策只是理论导向和实施意见，缺乏系统性的规划，致使一些政策在颁布后，无法进入实践或是在执行过程中存在落实不到位的情况。第二，政策中的奖励力度不大，条件却很烦琐。因此，奖励政策很难达到预期的目的。第三，政府存在监督失察的现象。在大学生创新创业过程中，由于政府监督不到位，使得创新创业的企业无法及时发现经营过程中潜在或已发生的问题，大学生没有及时调整发展战略，从而导致创新创业失败。第四，传统行业的发展跟不上大数据的发展。目前有部分传统行业无法应用大数据技术，这对传统行业的发展极为不利，也给大学生在大数据背景下的创新创业活动带来局限性。

3. 创业资金缺乏，成功率较低

大学生利用大数据进行创新创业活动与企业进行创新创业项目相比存在成本低的优势。例如，企业创新创业需要投入场地租赁或是使用的费用，而大学生在学校中的创新创业活动却可以节省大量的前期投入成本。但是创新创业活动是一项漫长的过程，在该过程中同样会有资金上的问题。虽然政府出台了很多的优惠政策来鼓励和支持大学生创新创业活动，但不得不承认，在整个创业发展过程中这些资金远远不够，仅仅靠大学生自己筹集资金和政府少量贷款或资助是很难维持的。因此，大学生创新创业活动很可能因为资金短缺而限制其发展规模和发展速度。

4. 社会创业环境有待改善

目前，我国还缺乏一个良好的社会创新创业环境，从全球创业观察研究报告来看，我国的创业环境属于中下水平，与发达国家相比存在很大的差距。单就大数据的创业环境而言，创业门槛依然比较高，整个发展环境与发达国家相比也存在明显差距。

第一，虽然近几年大学生大数据创新创业环境有所改变，政府出台了很多鼓励和支持大学生大数据创新创业的政策，但在知识产权保护、税务优惠、企业审批等方面存在很多不足，难以给予大学生大数据创新创业活动真正的政策支持。第二，当前我国的大数据相关产业仍处于发展阶段。在大数据时代，我国成熟的商业模式相对比较少，创业平台共享创业资源较少。第三，在市场经济环境下，人才辈出，对手强大。许多互联网大企业凭借自身资金优势和资源优势，给大学生创新创业活动在市场竞争中带来巨大竞争压力。

5.技术更新快，核心技术难度大

大数据时代是一个信息技术更新一日千里的时代，我国若想在激烈的市场竞争中占有一定的位置，新技术的研发不可或缺。但是新技术的研发需要投入大量的人力、物力、财力，这对于刚进入社会的大学生创新创业者而言，无疑是一个严峻的挑战。

第一，对于大学生创新创业者来说，新一代信息技术与传统行业进行结合必须拥有一定的技术基础。大学生创新创业者无论是利用电子商务平台开店，还是自己创建门户网站，都需要足够的互联网知识、计算机技术、大数据技术支持。第二，在有关部门调研大学生创新创业项目时发现，大部分创新创业项目技术含量低，在市场竞争中并不占优势。目前大学生在选择创新创业项目时，虽然很多借助了大数据这一新技术手段，但大多数项目还是集中在低附加值项目的流通服务业，并没有真正发挥新技术优势。大学生创新创业项目，想要获得成功、赢得市场，最根本的还是要有核心技术支撑的产品和服务。第三，对于创新创业初期的大学生来说，团队建设非常重要。大学生创新创业者们可以充分利用团队优势，让经营管理型人才和技术型人才形成优势互补，敏锐捕捉市场变化，开发出满足市场需求的核心技术和服务。然而大学生组建创新创业团队很多是凭"义气"建立的，团队成员往往能力与职位不匹配，成员之间并没有真正发挥互补优势，这就阻碍了大学生创新创业的发展。大学生只有不断攻克技术和产品服务难关，才能在市场竞争之中占据一席之地。大学生在大数据创新创业初期由于核心技术壁垒不高，很容易受到其他企业的挤压，甚至被其他企业模仿和超越。因此，对大学生大数据创新创业者来说，企业的核心技术能力是非常重要的，否则面对强大的竞争对手，其项目随时面临被淘汰的风险，进而影响创新创业企业的进一步发展。

表 7-1 是目前国内院校基于大数据技术的创新创业教育实践探索。

表 7-1　国内部分高校基于大数据技术的创新创业教育实践探索

高校名称	依托大数据开展创新创业教育
清华大学	建设深圳研究生院 i-Space 创业平台，率先运用"大学—政府—企业"的生态网模式，致力于全面增强学生的创新意识，努力在深圳打造综合性的资源共享与创新创业平台
北京大学	面向全国创业青年，建设"创业大讲堂"网络同步课堂，开创中国创业慕课平台。并以国家级创新创业训练计划为牵引，为教师科研成果和学生创业项目建立网络对接平台，为学生创业团队的组建、知识产权交易等提供支持
中南大学	成立创新创业教研室，依托学校云计算平台整合教育资源、完善课程体系、建设交流平台、建立人才培养体系
上海理工大学	建立创新创业中心，中心依托现代信息技术建设了 6 个创新创业服务平台：公共商务服务平台、虚拟制造技术平台、电气自动化技术平台、医疗器械与食品安全技术平台、女子职业教练营、数控制造技术平台

第二节　大数据背景下大学生创新创业的对策建议

如今创新创业已经上升为国家战略，大数据技术的发展虽然给大学生创新创业者带来很多机遇，但同时创业者也面临很多挑战。大学生在大数据创新创业过程中面临着许多的挑战，需要依靠各行业的协同帮助才能应对并提高创业的成功率。

一、提高大学生自身创业素质

外部条件是事物变化的前提，内部条件才是事物变化的本质，后者导致前者的产生。大学生在大数据创新创业活动中要想取得成功，最关键、最根本的因素还是大学生自己的主观努力。无论是政府、社会还是学校都是大学生大数据创新创业的外在客观因素或者外因。

（一）提高大学生应对风险的心理素质

良好的心理素质对于一个人的工作、学习、生活都非常重要。由于大学生利用大数据创业的经验少，可能无法解决大数据创新创业中遇到的一些问题。在利用大数据创业的过程中存在风险，根据风险的来源，可将风险划分为主观风险和客观风险。主观风险是指由于创业者本身的问题而造成创新创业失败的可能性，客观风险是指由于其他客观因素导致创新创业失败的可能性。创新创业活动整个过程都充满风险，比如项目选择的风险、资金风险、管理风险、技能风险、资源风险，等等。既然风险的存在是客观的、无法回避的，那只有勇敢地去在市场竞争中迎接各种风险的挑战，才能在实践中学会规避风险、化解风险，取得大数据创新创业的成功。大学生创新创业者要具备坚定的意志、坚强的斗志和勇于拼搏的精神，能够在面对大数据创新创业阶段的各种挑战和困难时不退却，变逆境为动力。高校和社会舆论要积极引导大学生正确看待大数据创新创业过程中可能遇到的挫折，把挫折看成锤炼的好机会，认真分析遭受挫折的原因，提高自己对突发事件的心理承受能力。总而言之，良好的创新创业心理素质是大学生取得大数据创新创业事业成功的基石。因此，大数据时代大学生创新创业者必须具有良好的心理素质并且尽量做好各种提前准备，以免真正遇到问题时措手不及。

（二）重视创新创业内涵建设

创新是大学生创业的关键，需要大学生具备良好的创新思维。因此，高校应注重对创新创业的内涵建设，营造自主创新的文化氛围，对创新课程体系进行深化建设，鼓励学生参加相关活动，使大学生了解创业的基本流程，转化活动成果。

（三）增强大学生在大数据创新创业中的技能

当下是知识经济时代，知识决定命运。大学生应注重自身大数据创新创业技能的培养和学习，增强自身的知识储备量。创新创业不是碰运气，在面对专业的技术问题或者经营管理出现困境时，创新创业者自身的实力和素质会显得尤为重要。因此大学生在学校学习期间要充分利用好学校提供的学习机会，加强专业知识学习和接受专业实践指导。大学生还应选取一些辅修课程，比如计算技术、市场营销、法学等课程，加强对大数据、互联网应用的学习以及对创新创业过程中其他所需知识的钻研。大学生应该扎实掌握所学专业知识，因为不管将来是否要选择创新创业，为自己积累坚实的理论基础都是非常重要的。大学生如果要进行大数据创新创业，应该充分了解自己所选取的行业涉及哪些专业，还要认真分析大数据市场环境中的所需信息，清晰了解自己的不足，并想办法弥补。同时大学生应该对自己的大数据创新创业项目提前进行评估，尽量明确创新创业过程中可能出现的情况，比如说所需技术、资金等，要尽量确保资金充足，即使出现资金不足的情况也可以提前做好防御措施，否则会因经验不足导致创新创业项目的失败，技术出现问题时同样如此。

（四）积极参加创新创业实践活动

在大学生创新创业活动中，创新创业实践是高级层次，也是进行高校创新创业教育的目的。创新创业实践可以全面提升大学生创新创业者的综合素养，大学生应该积极主动参加各种创新创业实践活动。大学生是大数据创新创业的实践主体，需要大学生在大数据创新创业的过程中充分发挥自主意识，紧紧抓住大数据的时代发展机遇。高校应该整合和利用校内和校外资源，从"理论知识＋模拟实践＋实地实战"三位一体的角度为大学生创新创业实践提供条件。但很多高校由于缺少资金投入以及实践基地缺乏，导致高校创新创业教学实践无法产生预期效果，无法满足大学生对创新创业实践的了解与接触。再加上教学方式陈旧，难以吸引大学生对学习的兴趣和热情，阻碍了大学生创新力、创造力的发挥，影响大学生探索求新的激情。

第一，高校应该鼓励和支持大学生积极参加各类型创新创业比赛，比如"挑战杯"创业大赛、大学生创新创业培训计划项目、大数据创新创业大赛等创新创业实践活动。在这些实践活动过程中应充分利用大数据的平台优势搭建创新创业实践平台，通过互联网平台可以实现信息的交换、交流和共享，提高创新创业实战经验。

第二，高校应成立大学生创新创业园区或孵化基地，为大学生大数据创新创业提供场地、设施、师资、孵化等帮助，真正助力大学生创新创业。随着我国高校创新创业园区或孵化基地的蓬勃发展，国家高校创新创业园区或孵化基地有助于实现创新创业人才培养、高校科技成果转化，为大学生创新创业初期提供实践平台。实现以创新理念引导创业，以创业拉动就业，更好调动和提高大学生在大数据创新创业方面的积极性，提升大学生大数据创新创业的成功比例。

另外，大学生在学校学习期间应该尽量寻求机会走进社会进行社会实践，到企业去做兼职积累相关管理和营销经验，为自己创新创业活动做好准备。大学生还应参与各种以大数据创新创业为主题的论坛、比赛、展示活动等，增加自己大数据创新创业的实践经验，努力提升综合能力，克服大数据创新创业过程中的各种挫折和困难，努力实现自我的价值和梦想。

（五）注重创新创业团队的建设

大学生在大数据创新创业过程中还需要注重创新创业团队的培养。一个成熟的创新创业团队基本上要有四种角色——德者、能者、智者、劳者。创新创业团队是指由具有互补性技能、为获得创新创业事业成功而成立的共同承担责任的群体。大学生创新创业者应该明确认识到自己所处的行业类型和自己的能力水平，并以此来确定自己创新创业团队的规模。团队的领导者应注意平衡创新创业团队内部人员的能力和角色，尽量广泛吸纳不同专业背景的大学毕业生来加入自己的创新创业团队。同时，创新创业团队建设过程中应加强团队队员的协作能力，充分发挥团队队员的互补作用，实现管理型人才和技术型人才的优势互补，最大程度地激发出大学生在大数据创新创业方面的积极性和创造性。一个成熟的创新创业团队，可以有效弥补个人创新创业经验的不足，团队成员之间彼此分工合作、专业互补、群策群力，不仅可以提高创新创业工作效率，还可以加快创新创业成果孵化，实现大数据创新创业成功。

（六）加强对政策的把握和解读

"大众创业，万众创新"口号的提出使得全社会范围内掀起了新一轮创新创业热潮。国家要实现经济结构调整、产业转型升级，鼓励和支持大数据创新创业是大势所趋。大学生大数据创新创业必须具备技术、资金、管理、市场等基本要素，只有具备一定的基础条件，又有合适的政策，才有可能顺利实现创新创业。为此，中央和地方各级政府出台了一系列鼓励和支持大学生大数据创新创业的优惠政策，给予了大量的政策扶持。各大高校也积极响应政府号召，完善相关配套措施，推动大学生创新创业活动的开展。但是从对部分大学生创新创业者的访谈中得知，很多大学生创新创业者并没有对政府和学校出台的各项政策措施进行仔细解读，有些大学生甚至不知道某些政策的存在，使得出台的政策并没有真正发挥应有的政策效益，也没有给予大学生大数据创新创业者有效的政策支持。大学生应该把握机会，拓宽消息渠道，认真把握和解读政府政策，积极利用政策提供的有利条件，推进大数据创新创业事业的顺利开展。大学生要充分、合理利用各项政策资源，就必须对政府出台政策有足够的了解，千万不能因为自己个人的失误或误解而错失事业发展的有利机会，影响大数据创新创业事业的成功。

二、加大政府扶持力度

政府作为推动大学生大数据创新创业活动的倡导者，有必要为大学生提供良好的创新创业条件和创新创业环境。

（一）加快信息基础设施建设

政府要加快信息基础设施建设，为大学生创新创业提供互联网基础支撑。信息基础设施是大数据发展的必要基础条件之一。虽然政府有相关的政策支撑信息基础设施建设，但是我国很多农村地区和西部不发达地区信息基础设施依然比较落后，这不仅不利于大学生在大数据创新创业新兴市场的拓展，更增加了广大农村及欠发达地区创业创新活动的开展难度。因此，政府要进一步加大对农村和欠发达地区信息基础设施建设力度，拓宽"大数据＋创新创业"的市场范围，发掘欠发达地区创新创业潜力。

（二）完善相关政策和法律法规

政府政策的支持和法律法规的完善，对于扫清大学生在大数据创新创业道路上的障碍起着至关重要的作用。政府应进一步为大学生创新创业者完善档案管理、税收减免、住房补贴、医疗保险等优惠政策。在减免税收方面，降低创新创业者的初期成本，减少费用的支出，减轻创新创业者经济负担。在档案管理、住房补贴、医疗保险等社会保障方面的优惠政策，可以免去大学生创新创业者的后顾之忧，为创业者提供后续保障。另外，由于国内互联网发展比较晚，时间较短，法律法规不完善，各种监管机制不完备，为鼓励和激发大学生创新创业方面的积极性和主动性，政府应根据市场环境的变化和大学生创新创业者的需要，在法律法规、监管机制等各方面加强政策完善，并落到实处。政府要加快完善法律法规体系建设，为大学生创新创业提供法律保护。新一代互联网信息技术的迅速普及应用，在给人们生活带来便捷的同时，违约现象、网络安全和个人隐私保护等问题制约大学生在大数据创新创业活动中的进一步发展。大数据产业发展主要依靠市场力量，市场中创新创业资源合理配置十分重要，政府应对市场起到引导监管作用。面对因为新事物的出现而导致法律法规真空或不完善的情况，政府应制定出台与大数据发展相适应的法律法规，着力营造大学生创新创业的法制环境。政府应积极推进个人信息保护、网络信息安全等方面的立法工作，加强对互联网信息安全管控、对个人信息的保护、对互联网金融的规范管理，为大学生大数据创新创业营造良好的法治环境，确保大数据时代大学生创新创业活动的顺利开展。

（三）简政放权，优化市场环境

政府应为大学生大数据创新创业活动进一步简政放权，改善市场环境。大学生在大数据创新创业过程中面临重重困难，存在很多风险，所以更需要政府的扶持。其实，中央和地方各级政府一直非常支持大学生的创新创业，曾多次出台政策鼓励和支持大学生的创新创业。但是政府出台的这些扶持政策看起来似乎对大学生大数据创新创业活动非常有利，实际上存在申请条件高、补贴资金少、生源地限制、审批流程繁杂等问题，导致在实际执行过程中出现问题。因此，政府除了要给予大学生大数据创新创业的政策和资金支持外，更重要的是要在审批过程中减少相关程序。因为重大事件优先审批，其他事件在事后进行监管的传统计划经济思维依然存在，不少地方政府及其工作人员也不善监管、不愿监管，导致监管制度形同虚设。这些问题的存在，不符合大学生大数据创新创业对于新技术、新模式、新业态的需要。地方政府应按照中央和国务院的要求，进一步简政放权，为大学生创新创业提供优质服务，要按照"放宽准入、加强管理、优化服务"的思路，制定出台与大学生大数据创业创新发展相适应的机制，优化创新创业环境。

（四）拓展创业空间

当前，我国中央和地方政府已经出台了很多优惠政策，为大学生大数据创新创业活动提供了良好的创业环境。众创空间在政府扶持下，为创新创业者提供便利条件，众创空间可以直接租用工位节省成本、帮助创新创业者完善项目创意、帮助创新创业者获得最初的风险投资，等等。根据国家发布的众创空间相关文件，众创空间是紧跟网络时代中创新创业特点和需求而衍生出来的，它是通过市场化机制、专业化服务和资本化途径构建的低成本、便利化、全要素、开放式的新型创业服务平台的统称。我国的创新创业生态系统不但需要政策、人才、资本的支撑，还需要创新创业服务业的支撑，为创新创业活动提供必要的指导、咨询等服务，降低创新创业风险。近两年伴随着众创空间的快速发展，众创空间服务能力不断提升，从最初的单一服务进化到多维服务，着力在横向和纵向上打造全要素创新创业服务生态系统。根据腾讯开放平台的相关数据显示，众创平台为创新创业者提供了网络空间、工作空间、社交空间和资源共享空间，拓展了创业空间。

三、增加资金支持

在资金方面，大学生大数据创新创业的启动金大部分是来自父母或亲友以及个人积蓄，资金问题对大学生创新创业者来说是非常重要的事情。

（一）完善金融政策

如今，中国大学生大数据创新创业活动如火如荼，中央和地方各级政府逐步推进支持大学生大数据创新创业工作，同时社会和学校也加大了对大学生大数据创新创业项目的资金投入，为大学生创新创业者们提供资金支持。对于没有太多原始资金积累的大学生创新创业者而言，创新创业资金除了一部分自己筹集以外，更重要的是应该获得政府的帮助和社会资金的投入。政府应该进一步增强通过提供金融支持来为大学生创新创业服务的意识，降低融资成本，增加资金投放。政府还应鼓励银行为大学生大数据创新创业提供专业的金融服务，创新管理方式、金融产品和组织架构；加强银行与其他金融机构的合作，为大学生的创新创业活动提供股权和债权融资支持；并设立国家创业投资基金会，完善创新创业市场运行机制，引导众筹融资平台规范性发展。不断加大对大学生大数据创新创业企业的融资支持，为在大数据视域下大学生创新创业创造良好的金融支持环境。

（二）拓宽融资渠道

大学生应积极争取社会资金和金融资本支持大数据创新创业活动，吸引风险投资支持大学生大数据创新创业项目。创业投资人往往专门投资一些初创公司，他们中很多人本身也是从创业中获得事业的成功，想要通过这样的方式回馈社会。这些早期创新创业者可以利用他们的社会影响力、资金、创业经验等广泛资源，给予初出茅庐的大学生创新创业者及时的帮助，使得大学生创新创业项目良好运行。同时，为确保资金顺利到达大学生创新创业者手中，也应制定相关监督政策，建立相关监督体系，确保天使基金真正发挥作用。创新创业成功当然并非只依靠资本，但是没有了强大的资金支持，大学生创新创业项目很容易搁浅。

四、优化社会环境

大学生大数据创新创业活动作为一种社会行动，必然与社会各成员之间有着密切的联系。因此，大学生创新创业者需要来自社会的理解和支持，更有必要充分利用社会各界的资源，打造大学生大数据创新创业所需的良好社会环境。

（一）提升高校创新创业教育水平

学校应做好顶层设计，加快提升创新创业教育水平。我国创新创业教育与大学生创新创业工作起步比较晚，发展过程中还面临着很多问题。大部分教师并没有接受过系统的创新创业理论教育，同时也不具备太多甚至没有创新创业实践经历，缺乏创新创业经验，这样就无法对学生的创新创业活动进行深入指导，无法激发大学生创新创业者的热情，也无法提升大学生创新创业者的创业素养。学校应该定期对创新创业教师进行有关创新创业教育工作的培训，通过课程扩充教师创新创业知识，从而提升创新创业教师的专业能力。另外，高校规定的学生课程多为专业课程，有关创新创业方面与互联网、大数据方面的课程相对较少，无法满足大学生在大数据创新创业活动中的实际需求。教育师资队伍在创新创业教育课程教学中起着至关重要的作用，当前我国高校创新创业教育的师资力量主要来自部分行政岗位和部分教学岗位甚至是高校辅导员，但基本不是专业从事创新创业教育的专职教师。当然有些高校也聘请了一部分成功的创业者与企业家担任兼职教师，但是资金支持、组织协调无法保障，加之聘请的这些创业者、企业家很多缺乏教学经验，教学效果难以达到大学生创新创业者的实际需求。因此，高校创新创业教育开始应从教师着手，一方面，在教师数量的增加上下功夫，培养高校专门从事大学生创新创业教育工作的专职教师；另一方面，应该从创新创业教育的教师背景上下功夫，聘用部分有高等教育背景、有着丰富创业经历的中小企业家当兼职教师，同时要在组织、资金和制度方面给予这些兼职教师以保障。教育部也曾表示，高校可以将社会中各行业优秀人才引入校园，聘请他们作为创新创业课程的专业教师或助教。高校创新创业教育要强化师资队伍建设，提升教师创新创业指导能力和水平，将更有助于大学生获得更多更实用的大数据创新创业知识。

（二）建立线上线下双重教育模式

高校在对大学生进行创新创业教育教学时，仅靠教师在课堂中提及几句已经远远满足不了大学生求知的欲望，应当利用网络资源设立网络课堂。在课堂中可以将创新创业所涉及的各个方面进行较为详细的讲解。与此同时，高校也可以在网络中收集大量的相关信息及数据，以此来了解大学生在创新创业中所存在的盲区，从而实行有针对性、个性化的教育教学，进而达到大学生对创新创业知识全面了解的目的。

（三）完善网上创业平台

网上创业平台的建立，能为有创业计划的大学生提供相关领域的实时信息，发布与大学生创新创业有关的优惠政策，从而使大学生能全面了解国家政策。同时，网上创业平台还能信息共享，使大学生能在平台上交流创新创业方面的想法及体会，或向有创业经验的人请教，同时在网络创业平台上学习成功的创业案例，并提取其中的关键点，以供创业时借鉴分析。

（四）充分利用校友资源

校友是高校特有的宝贵资源，在大学生创新创业过程中发挥着重大而主要的示范、反馈和物质支持等作用。校友资源包括财力资源、人才、社会关系等大学生大数据创新创业过程中所需资源。大学生在创新创业活动过程中，往往初期满腔热情，但对如何具体实行感到茫然，无从下手。这时候创新创业成功的校友的经验分享，将在大学生创新创业过程中起到答疑解惑的作用。学校可以把创新创业成功的校友请进校园，利用聘请非专职教师的形式或者是讲座的形式来和大学生创新创业者一起分享他们的创业得失和奋斗历程等，激发大学生的创新创业激情，增强大学生创新创业的自信心。因为校友和学校之间有着天然深厚的感情，所以高校可以有效利用校友资源。但双方合作过程中仅靠感情维系是远远不够的，因此，高校应树立为校友主动服务的意识，改变以往的单纯只向校友索取资源的方式，应实现学校、校友、大学生创新创业者的合作共赢。特别要根据校友事业发展的需求做好服务工作，建立起一种相互依赖的和谐关系，真正打造一种合作共赢的友好局面。大学生毕业后，校友或者校友企业也可以与有创业意向的创新创业者签订培养协议，这样大学生大数据创新创业者可以直接与企业合作，达到双赢的效果。

（五）发挥企业培养基地作用

企业被认为是除高校以外培养大数据创新创业人才的第二个重要基地。企业是高校培养创新创业人才的重要支撑，是提高大学生创新创业实践能力的平台，也是创新创业指导教师的培养基地。在大学生大数据创新创业实践的过程中，高校需要充分发挥企业功能作用，合理利用企业提供的各种机会，如专业见习、毕业实习等，不断提高大学生创新创业者对企业运营过程中的管理经验和营销经验的认知，增加大学生创新创业者对市场需求和社会现实的了解，为大学生自己进行大数据创新创业活动提前做好准备。大学生深入企业可以了解企业的经营过程，感受企业文化和企业氛围，深刻感受企业生存和发展的诸多磨难，了解企业经营活动所需的创业精神和创造活力，提升大学生创新创业者的"想创业、敢创业、能创业、创成业"的意识和能力。大学生创新创业者还应该抓住机会积极参加企业提供的各种创新创业培训，积累创新创业知识，接受企业的专业指导，提高大数据创新创业的实践能力。

（六）积极利用互联网平台资源

大学生应充分利用大数据时代提供的各种互联网平台资源。大数据已经逐渐渗入我们工作与生活的各个方面，大数据的普及和应用催生出许多互联网企业，更衍生出层出不穷的大数据服务。大学生具有优秀的学习能力，其对大数据知识的快速掌握，可以推进大学生大数据创业创新事业。政府应从上层设计上制定国家大数据战略计划，促进大数据与经济和社会各领域融合创新，实现大数据与传统行业的有效联结。通过推动政府信息公开、共享模式的发展，逐步推进相关信息资源的公开与共享，并将成熟的模式在其他部门及行业进行推广，最终提升信息资源的共享服务，提升信息资源的可用性、实用性和利用率。政府还应整合融资平台、扶持政策、信息资源、办公环境在内的综合性创业载体。事实上，很多互联网平台会对各类创新创业者开放技术、开发、营销等资源，并且可以通过互联网平台实现资源共享，促进创新创业成果转化，因此，大学生大数据创新创业者应充分利用大数据、网络平台提供的各种有效资源，推动大学生大数据创新创业事业的蓬勃发展。

第三节　网络大数据在高校创新创业中的实际案例分析

一、实际案例分析之一 —— 大数据在高校创新创业实践中的运用

（一）案例内容

大数据在高校创新创业实践中的运用共分为两个部分：大数据资源平台和微学习模式创新创业指导体系。

大数据资源平台。大数据资源平台由资源计算支撑平台层、数据支撑层以及应用服务层构成，其中利用了数据清洗、爬虫、数据挖掘等技术。平台技术操作流程为借助网络爬虫技术获取博客、网页、论坛、微博等网站的创新创业信息，再利用大数据处理技术对数据进行分析和处理，然后应用云计算对数据资源进行精细化管理。用户操作流程为：通过登录网址进入平台，用户既可通过获取系统数据信息对自己进行定位，从而调整创新创业方向，又可以及时对现有科技发展趋势、创新创业政策、产业变革数据进行分析，得出科学的决策方案。

微学习模式创新创业指导体系。该体系包括互动式学习模式、碎片式学习模式、针对性育人模式、课外实训平台四部分内容。这四部分内容的设置体现了师生互动的教育核心，充分缩短了培养创新创业人才的周期。

（二）案例分析

大数据在高校创新创业实践中的应用，迎合了当代大数据应用的热潮，又推进了高校创新创业的发展。微学习模式创新创业指导体系中，互动式学习模式为师生之间的互动和交流提供了极大便利，发挥出师生知识互补的作用，弥补了传统创新创业教育的缺陷。碎片式学习模式突破传统固定

化、单一化的学习单元模式，推行创新创业反馈机制，强化信息交流和互补。实施碎片化学习模式可以帮助师生发现自身在创新创业活动中的问题，并不断调整学习内容和学习方式，充分满足学生的创业需求，让他们能够深入掌握创新创业项目的具体研究方向和内容。针对性育人模式要求学生具备扎实的专业能力、良好的综合素养和丰富的实践经验，而传统单一性的授课模式很难满足这一需求。针对性育人模式可以显著提高学生的创业意识和自主学习能力，并且从学生的实际特征和能力出发，激发他们的创业兴趣。另外，针对学生在创新创业过程中存在的问题能进行多角度、多层次的指导，紧抓学生的创新思维，帮助他们尽快在创新上形成系统化的思路，并敦促他们有所突破。就目前情况来看，大多数高校与企业已经有了长期的合作，也已建立实践平台，但是该平台的真正效用还没有完全发挥出来，并且存在表面化的问题，对校外实践活动并没有较为深入的施行。课外实训平台对平台功能和业务进行整合，给予学生更多的支持和关注，配备经验丰富的师资队伍来与学生进行对接，不断整合平台中的业务技术，营造出良好的创新创业氛围，提高平台的综合影响力。

（三）存在的问题及对策

1. 缺乏混合式创新创业教学模式

这里所说的混合式教学模式，是指通过不同年级共同上课的方式来拓宽学生创新思路，增强高年级学生的自信心，同时增加低年级学生对创新创业的向往和期待，从而增强创新创业的信念。在高校大数据创新创业实践运用中提到了依据学生兴趣来设置课程的模式，虽然这种模式有利于增强学生学习的欲望，但是课程中缺少创新的来源及创业的理念，这将限制学生的创新创业方向，甚至使其对创新创业失去信心。针对该问题，需要学校加入混合式创新创业教学模式，在创新创业过程中开拓学生的创新实践思维，挖掘主动学习的动机，激发学生的学习成就感和更进一步自我钻研的兴趣，增强创业意识。具体做法如学校发布规章制度，内容为学校批准各个年级学生每天在完成自己专业课程的前提下，可以申请学习其他年级的专业课。比如可以这样具体要求：申请第二专业课程后正式听课划分为三个阶段，即三堂试听课、七堂深入试听课和长期听课。第一阶段让学生判断自己对课程的兴趣是短暂的还是长期的；第二阶段学生通过进一步了解课程，来决定是否继续听课；第三阶段，此刻的学生已经对课程有了深入的了解，并且已经决定进入研究阶段。同时在课堂上，低年级学生可以与高年级学生进行交流，可以进一步了解、借鉴同学对课程的想法和建议，并及时调整自己的学习状态，从而提高学习课程的效率；针对高年级学生，可以增加他们的自信心和提高他们的听课效率；另外，这种方式可以激发教师讲课的热情。在三个阶段的学习过程中，低年级学生很容易产生创新创业的想法，这时高年级学生和教师将会成为他们的助力。

2. 创新创业影响力和宣传力度不足

高校在大数据创新创业实践中对创新创业的宣传不够，仅仅在课外实训平台构建过程中营造创新创业氛围达不到大力推动大学生创新创业的目的。这就需要有人才的支持和舆论的引导，来扩大创新创业思潮的影响力。具体可通过两个方面来加大宣传力度，即宣传创新创业成就、宣传创业任务的时代精神和创业风采。宣传成就可以通过新闻报道、专题报道、深度报道等形式，深度挖掘成功背后的路径，再通过舆论宣传，让每一个怀有创新创业激情的大学生学习并借鉴成功创业者的创新创业方法，从而激发他们的热情。另外，要宣传创业任务的时代精神和创业风采，这需要加大创新创业者成功事迹宣传和背后的精神解读，从而将成功者引领作用和实践精神发挥到极致，进而激发广大高校学生创新的潜力、创业的勇气。通过对创新创业者在创新创业过程中所经历的困境和机遇的描述，从而表现创业者艰苦奋斗、奋勇探索和不断向前的精神和毅力，让创业者成为众人学习、尊重的对象，让开拓创新、勇于创业成为时代发展的标签，从而扩大创新创业良好氛围的影响。

大数据创新创业的迅速发展，要求将混合教学模式和加大宣传力度作为培养学生创新创业能力的基础，从而搭建广阔的校内平台和校外实践平台，丰富学生的创业经验，激发他们的创业热情。

二、实际案例分析之二 —— 基于大数据技术的创新创业人才培养模式应用研究

（一）案例内容

创新和创业，从内容上分析，两者在本质上是相通的，创新是创业的前提，创业是创新的表现形式。因此，创新创业教育在某种程度上是紧密结合的，都以培养创新意识、创业能力为目标。而大数据的出现，为培养创新创业人才增加了更多的可能性。

大数据创新创业平台的设立既符合国家一直提倡的创业计划，又可以满足当前高校毕业生就业难的问题，它更使创业区域形成有效的汇聚人才、吸引投资的强大磁场。目前，大数据技术和创新创业的研究在国内都处于起步阶段，该阶段是从概念理解、来源探讨、重要性论述等向实践体系构建的原则、方法和路径探讨的过渡阶段。尤其是当前国内的创新创业教育模式基本还以传统课堂讲授为主，观念陈旧、理论滞后、内容死板、形式单调、缺乏实践，所学基本无用。将云技术融合微课模式应用到创新创业教育领域，传统的课堂教育模式将发生变革，变专业教育为通识教育，变正规学习为泛在学习，以弥补传统教育的不足，这是一项模式上的创新。具体内容如下：

基于 O2O（即 Online To Offline，下同）的混合式、智能化培养创新创业人才的平台是以云学习平台为依托，借助大数据技术，融入微课等课程模式而形成，它打破了高校传统人才的培养模式，为高校提供了便捷、高效的创新创业教育解决方案。研究的基本内容是通过平台服务、内容服务和应用服务分别打造移动学习管理平台、微课程资源库和整体解决方案。其中移动学习管理平台不仅要实现大规模用户协同学习与海量知识资源分享的要求，而且要能够显著增强学习体验和效果，有效解决传统教育模式中人才培养过程存在的种种不足；通过建立具备广泛兼容性的 "移动微课程资源开发与管理标准"，实现对移动微课程开发的标准框架、开发规范、结构特征等内容的界定，从而最大程度支持标准化微课程内容资源建设以及离线学习用户体验；整体解决方案根据不同用户的自身特点，为其

提供个性化的系统解决方案，并提供相应的技术服务与支持，具体包括以下几个方面的内容：①提供系统解决方案服务：根据用户需求进行分模块定制服务、设计配套解决方案；②提供技术所需要的资料包，如入门知识、实操指导等；③配备远程咨询服务系统，借助网络即可实现提供咨询服务的目的；④提供培训服务：针对学习者、教育者以及相关机构提供讲座与培训等。

（二）案例分析

基于大数据技术的创新创业教育模式与传统教育模式相比，具有以下三个方面的特点及优势：一是平台优势。与传统课堂教育或企业培训相比，它具有设计理念先进、提供专业易用的统计分析、提供最佳用户体验设计和全面支持社会化学习的特点，例如提供专业易用的统计分析、支持丰富的数据动态分析和报表统计、具备完善的系统跟踪与统计功能、进行多维度的全面统计和分析；二是课程优势。基于大数据技术的创新创业教育模式最大的优势在于优质教育资源的快速聚合与传播，有效整合各类高质量的品牌课程内容，利用形式碎片化、内容及时化的微课程数字资源，帮助用户便捷、及时、低成本地开展创新人才的技能培养与素质提升；三是系统解决方案优势。基于大数据技术的创新创业教育模式可以为学生提供一站式服务、变革教育及学习模式，节约学习成本、改善学习体验与学习效果。例如变革教育及学习模式，基于大数据技术的创新创业教育模式在功能设计上，立足教育 O2O 应用框架，创新整合线上精品微课程资源和线下培训机构（包括学校）的专业资源，进一步扩大和提升教育、培训服务主题的覆盖面和专业性，有效改进企业用户在创建学习型组织过程中遇到的诸多制约因素，如工学矛盾、师资短缺、员工发展规划缺乏指导、知识交互与传播成本高、外部课程质量评估缺失等应用瓶颈。

（三）存在的问题及对策

1. 缺乏创业理念

基于大数据技术创新创业人才培养模式应用设计过程中缺乏创业理

念，例如移动学习管理平台中提到弥补人才培养的不足、微课程资源库提到的课程内容建设、整体解决方案中提到的提供个性化解决方案，这些内容并没有较为明确地提出创业的理念。面对当前就业压力，创业成为大学生就业的一个方向，同时它也是推动国家发展的坚定力量和重要举措。

创业理念需要覆盖教育的全过程，且需要面向未来。首先，需要有创业理念的设计，例如将创业理念与人才培养进行有机结合，以创业与时代的有机统一为特征，以培养合格接班人为基本价值追求，来更新和优化创业教育理念；其次，全面融入理念，例如，将创业教育纳入培养人才的各个环节，将专业教育与创业教育相结合；最后，创业教育与国家创新驱动战略相对接，努力培养满足国家经济社会未来发展需要的人才。创业教育是民族复兴的人才储备工程，意义十分重大且深远。

2. 实施较难

在大数据技术创新创业人才培养模式应用研究中涉及三大板块：平台服务、内容服务和应用服务，每一项服务涉及的技术内容、工具内容、理论内容等都非常繁杂，对技术人才的要求较高。因此，实施过程较难。例如应用中需要的大数据分析技术、内容加密技术、TTS 技术（又称文语转换技术）、语音识别技术、云存储技术等，以及相关技术的更新及优化问题，都将成为应用实施过程中的难题。

针对以上问题，首先，应成立专业的技术人才团队，要求团队中的人才均具有较强的技术研发能力，且每年能承担国家、省、市级多种项目。其次，优化人才的建设和管理，例如建立人才社会共有公用的新体制、管理制度等，新体制有利于人才在内部的流动，管理制度有利于优化人才，消除人才供求的结构性矛盾，具体措施可通过考核制度、培训制度和保障机制等实现。最后，重视对人才专业性的培养，例如推送行业中专业人才讲座、发放最新的专业性资料等。有效的人才培养机制是学校的竞争优势，也是学校和个人发展的关键机遇。

第八章 结 语

在大数据时代，社会各行各业都在经历着翻天覆地的变化。将网络大数据分析技术应用于高校教育中，为高校的教与学带来了重大影响。在这样的背景下，高校的各位教育工作者就必须要保持与时俱进的精神状态，充分利用大数据的各种先进技术来更好地为教与学服务，使每一位高校学生都能够获得良好的教育。在有效利用大数据优势的同时，也需要注意网络大数据商业化给个人隐私带来的风险，需要提供有效措施来加强保护。

参考文献

[1]龙欣宇,李新宇.大数据时代高校就业工作"精准化"路径探究[J].现代职业教育,2021(40):74-75.

[2]胡荣春,马娟.大数据时代下的高校双创人才培养初探[J].黑龙江教育(理论与实践),2021(3):36-37.

[3]马瑜.高职大学英语立体化教材在教学实践中的问题与反思[J].太原城市职业技术学院学报,2020(4):134-137.

[4]孙小进.大数据背景下智慧课堂教学模式创新研究[J].中国多媒体与网络教学学报(中旬刊),2020(9):1-3.

[5]杨万贺,任新玉.新媒体环境下历史虚无主义思潮对大学生的影响及应对[J].中青年学者论坛,2020(8):11-13.

[6]郭晓燕,刘景利,张宝.基于立体化教材的研究性教学探索与实践[J].轻工科技,2020(3):117-118,154.

[7]王建建.大数据背景下大学生学习方式优化路径[J].中国成人教育,2020(8):48-50.

[8]韩璐,刘天成,彭中山,等.基于大数据研究大学生学习效率的影响因素和对策分析[J].学周刊,2019(11):181.

[9]王佳茵.经济新常态下关于大学生就业问题的几点思考[J].科学咨询(科技·管理),2019(4):18.

[10]冯果果.新常态下促进高校毕业生就业创业路径分析[J].现代营销(信息版),2019(11):68-69.

[11]王英玉，曲艳红.大数据环境下中国大学生学习方式的变革 [J].职业技术，2019（9）：52-55.

[12]王学义.大数据发展对大学生创新创业的指导作用分析 [J].教育现代化，2019（9）：52-55.

[13]米文丽.大数据时代大学生学习方式转变研究 [J].信息记录材料，2019（9）：52-53.

[14]郑艳.如何在大数据背景下提高大学生的学习效率 [J].科技资讯，2019（29）：152-153.

[15]王兴宇.大数据：大学的机遇与挑战 [J].黑龙江高教研究，2019（3）：6-10.

[16]曹成，邓艳，王子希，等.谈大数据时代高校毕业生就业困境及其消解路径 [J].智库时代，2018（27）：65-66.

[17]靳大伟，黄骁，关艳魁.大数据时代创新创业教育提升途径探析 [J].工业技术与职业教育，2018（4）：47-50.

[18]张引琼，唐琳."大数据"背景下学校教育管理的现代变革思路 [J].教育理论与实践，2018（26）：14-16.

[19]柯轶凡.基于大数据的高职教育管理改进路径分析 [J].江西电力职业技术学院学报，2018（7）：114-115.

[20]王晓露，夏鑫.大数据背景下大学生创新创业能力培养浅析 [J].科技经济导刊，2018（5）：95.

[21]初庆东，白云，籍俊伟.大数据与就业教育融合发展路径 [J].中国统计，2018（7）：12-13.

[22]刘宪锋.网络大数据时代下大学教育的探究 [J].读与写（教育教学刊），2018（10）：68.

[23]钟之静.大数据背景下大学生新媒体创业研究 [J].湖北开放职业学院学报，2018（32）：3-5.

[24]姜军亮.高校毕业生就业管理工作的困境与对策研究 [J].时代金融，2018（11）：284，288.

[25]韩玉会.大数据视域下大学生创新创业实践研究[J].物联网技术，2018（7）：116-117，120.

[26]张磊.大数据智能化视野下大学生创新创业工作研究[J].赤子，2018（16）：83.

[27]徐峰，吴昊瑜，徐萱，等.教育数据治理：问题、思考与对策[J].开放教育研究，2018（2）：107-112.

[28]张明.智慧学习：大数据时代的学习模式[J].中国成人教育，2018（18）：21-23.

[29]谢健.大数据时代对高校教学管理的影响[J].大学教育，2018（6）：44-46.

[30]钟婉娟，侯浩翔.教育大数据支持的教师教学决策改进与实现路径[J].湖南师范大学教育科学学报，2017（5）：69-74.

[31]李秀霞，宋凯，赵思喆，等.国内外教育大数据研究现状对比分析[J].现代情报，2017（11）：125-129.

[32]雷志成.历史虚无主义思潮对大学生价值观的影响及应对措施[J].普洱学院学报，2017（5）：18-19.

[33]许慧珍."后MOOC"时代高职教育教学模式创新研究[J].中国教育信息化，2017（19）：17-20.

[34]鲁楠.供给侧改革视阈下的大学生创新创业工作研究[J].现代商贸工业，2017（11）：72-75.

[35]李军祥.大数据对高校教学反馈的影响[J].教育教学论坛，2017（17）：4-5.

[36]白岩，张志义."互联网＋大数据"背景下大学生就业创业能力培养策略及应用系统平台的建设[J].黑龙江科技信息，2016（1）：116-117.

[37]张丽.大数据时代对大学英语教学的影响及应对策略[J].当代教育实践与教学研究，2016（7）：30.

[38]程孝良，张永芳.大数据时代的大学生学习及质量提升策略[J].现代教育管理，2016（2）：62-65.

[39]钟婉娟，侯浩翔.大数据视角下教育决策机制优化及实现路径[J].教育发展研究，2016（3）：8-14.

[40]郑石明.大数据驱动创新创业教育变革：理论与实践[J].清华大学教育研究，2016（3）：65-73.

[41]欧阳奕，张云."大数据"背景下大学生就业创新机制研究[J].中国市场，2016（50）：193-194.

[42]汪文忠.新形势下如何培养大学生的创新创业能力[J].中国大学生就业，2016（17）：7-9.

[43]杜周军.大数据时代对大学英语教学的影响[J].佳木斯职业学院学报，2016（12）：224，226.

[44]刘桂辉.论"以学定教"的教学意蕴及实现[J].教育理论与实践，2016（11）：52-54.

[45]王盛.网络环境下大学生思想政治教育方法创新[J].亚太教育，2016（10）：230.

[46]李红红，陈红梅.试论新时期下的就业工作[J].经营管理者，2016（7）：241.

[47]顾晓峰.大数据背景下高职教育教学改革研究[J].价值工程，2016（36）：179-180.

[48]胡弼成，王祖霖."大数据"对教育的作用、挑战及教育变革趋势——大数据时代教育变革的最新研究进展综述[J].现代大学教育，2015（4）：98-104.

[49]王喜文.大众创业、万众创新与共享经济[J].中国党政干部论坛，2015（11）：12-15.

[50]段博原.媒介融合下高校立体化教材的转型升级[J].现代出版，2015（1）：33-36.

[51]王卓.大数据时代给高校课堂教学带来的影响：以艺术设计基础教学为视角[J].艺术科技，2014（3）：407.

[52]朱建平，李秋雅.大数据对大学教学的影响[J].中国大学教学，2014（9）：41-44.

图书在版编目（CIP）数据

网络大数据分析对高校教育教学的影响 ／ 赵雪章著. —— 武汉：武汉大学出版社，2022.9

ISBN 978-7-307-23163-4

Ⅰ.网… Ⅱ.赵… Ⅲ.高等教育－教学研究－中国 Ⅳ.G649.21

中国版本图书馆CIP数据核字（2022）第130007号

责任编辑：周媛媛　　　　责任校对：牟　丹　　　　版式设计：文豪设计

出版发行：**武汉大学出版社**　　（430072　武昌　珞珈山）

（电子邮箱：cbs22@whu.edu.cn 网址：www.wdp.com.cn）

印刷：三河市京兰印务有限公司

开本：710×1000　1/16　　　　印张：11　　　　字数：169千字

版次：2022年9月第1版　　　2022年9月第1次印刷

ISBN 978-7-307-23163-4　　　定价：48.00元